Gabriela Hilf

Aqua Blau – Lebendiges Wasser

Gabriela Hilf

AQUA BLAU
Lebendiges Wasser

Mit energetisierter
Regenbogen-Wasserkarte

//////////////////////////////// SILBERSCHNUR //////////////////////////////////

Die Ratschläge in diesem Buch wurden von der Autorin sorgfältig geprüft, dennoch kann eine Garantie nicht übernommen werden. Eine Haftung der Autorin bzw. des Verlages und seiner Beauftragten für Personen-, Sach- und Vermögensschäden ist ausgeschlossen.

Fotoaufnahmen: Dr. Wolfgang Bohn/Erfurt, Gabriela Hilf/Dannstadt, www.hilf-heilen.de
Email: seminare@hilf-heilen.de

ISBN 978-3-89845-246-5

1. Auflage 2008

Gestaltung & Satz: XPresentation, Boppard
Druck: Finidr, s.r.o. Cesky Tesin

Silberschnur Verlag • Steinstraße 1 • D-56593 Güllesheim
www.silberschnur.de • Email: info@silberschnur.de

Inhaltsverzeichnis

Widmung   9

Danksagung   11

Vorwort: Geführt durch "den Geist Gottes"   13

Teil I: Die Quellen   15
Der Beginn: Nordkap, Norwegen   17
Lebendiges Wasser des Heiligen Geistes   20
Zwölf Spielregeln für die Dritte Dimension   23

Teil II: Die Anwendung der Wasserkarten   31
Allgemeines zum Wasser   33
Anwendung des energetisierten Wassers   38
Das energetisierte Wasser trinken   38
Mit dem energetisierten Wasser baden   39
Das energetisierte Wasser zur Hautpflege verwenden   39

Energetisiertes Wasser als Kompresse oder Auflage 39

Mit dem energetisierten Wasser kochen 40

Organfunktionen unterstützen durch energetisiertes Wasser 41

Pendeltafeln 46

Pendeltafel 1: Welche Spielregeln des Lebens gilt es für mich
besonders zu beachten? 46

Pendeltafel 2: Welche Wasserkarte ist derzeit die wichtigste für mich? 47

Pendeltafel 3: Welche drei Wasserkarten soll ich kombinieren? 48

Pendeltafel 4: Wie viele Tage soll ich das Wasser trinken? 49

Pendeltafel 5: Welches meiner Organe benötigt mehr Flüssigkeit? 50

Pendeltafel 6: Welche Wassertemperatur ist für mich optimal? 51

Teil III: Die zwölf Wasser-Energiekarten 53

Kreuz-Quell-Wasser, Wasserenergiekarte Nr. 1 55

Das Kreuz mit dem Kreuz 59

Stein-Wasser, Wasserenergiekarte Nr. 2 61

Festgefahrene Muster lösen und abnehmen 63

Blaue Lagune-Wasser, Wasserenergiekarte Nr. 3 65

Dankeschön 68

Godafoss-Wasser, Wasserenergiekarte Nr. 4 70

Gebetstext zum Verzeihen 72

Gullfoss-Wasser, Wasserenergiekarte Nr. 5 74

Weisheit – Prüfungen bestehen 77

Gletscher-Wasser, Wasserenergiekarte Nr. 6   79
    Urvertrauen   82

Heiliges Wasser, Wasserenergiekarte Nr. 7   83
    Die Legende von Lourdes   85

Regenbogenwasser, Wasserenergiekarte Nr. 8   87
    Am Ende des Regenbogens liegt ein Schatz ... DU   89

Blitz-Wasser, Wasserenergiekarte Nr. 9   91
    Und wäre Christus nicht in dir ...   95

Abendsonnen-Wasser, Wasserenergiekarte Nr. 10   96
    Sonnenatmung   98

Vollmond-Wasser, Wasserenergiekarte Nr. 11   101
    Mond-Wunschritual   103

Sternen-Wasser: Wasserenergiekarte Nr. 12   106
    "Happy-Meditation" – Sternenzauber   109

Nachwort: Zusammenfluss   111

Die zwölf Wasserenergie-Karten   115

Über die Autorin   119

Die einzelnen Quellen   121

Literatur   122

Widmung

Dieses Buch widme ich meinem jüngsten Sohn Manuel (Sternzeichen Fische), weil das sein Wunsch war – und weil ich ihn so sehr liebe. Aber auch allen anderen Kindern dieser Welt ist dieses Buch gewidmet, um ihnen zu zeigen:

Wird die Natur ins Licht gehalten,
sieht man ihr Wasserzeichen.
Sie ist Schöpfung: kostbar, faszinierend.

Die Reisen des Paulus (4)

Danksagung

... an Erzengel Gabriel(a) – so lautete ihr wahrer Name, bevor alle Engel von den Kirchenobersten vermännlicht wurden. Nach urchristlicher Auffassung ist Erzengel Gabriela die Herrscherin über das Wasser und über das Prinzip des Flüssigen. Sie regiert außerdem die Welt der Gefühle, der Emotionen und das Unterbewusstsein. Ihre Farbe ist Blau in all seinen Schattierungen.

Du bist nicht allein. Du hast Kontakt mit dem Unendlichen, kannst mit ihm sprechen, dich am Leben erfreuen. Wozu die Frage nach dem Sinn des Lebens? Der Sinn ist ganz einfach das Leben selbst, die Weiterentwicklung! Ein Spiel mit Spielregeln. Und jeder, der sich inkarniert hat, auf die Erde kommen wollte, will mitspielen, um sich selbst weiterzuentwickeln. Geschieht das nicht, so kann die Krankheit entstehen. Sie ist auch als ein *geistiger Stillstand* anzusehen – eine *Sünde wider den Heiligen Geist* in uns, Stagnation statt Weiterentwicklung, und daher ist sie als Botschaft zu betrachten. Sie zeigt uns, wo Handlungsbedarf besteht im Spiel des Lebens.

Dabei gilt es auch, fair zu spielen, allen Wesen gegenüber, allem Sein. Wir sollen erhalten statt vernichten. Achten, wertschätzen, tolerieren, respektieren und lieben, selbst den kleinsten Wassertropfen, denn er enthält ALLES; dann kann man auch genießen – die Gemeinsamkeit und das "All-ein-sein". Jeder Tag ist ein Geschenk und birgt die Chance zur persönlichen Weiterentwicklung und zur Entwicklung der gesamten Erde.

Ich danke dem Heiligen Geist für die Einweihung und die Inspirationen und Erzengel Gabriela für ihre liebevolle Zuwendung.

Vorwort
Geführt durch "den Geist Gottes"

Juni 2007, ich war gerade fertig mit dem letzten Korrekturlesen meines neuen Buches "Reiki Lifestyle", das in Kürze im Verlag "Die Silberschnur" erscheinen würde. Zufrieden legte ich das Manuskript beiseite, schloss die Augen und bedankte mich inniglich bei der geistigen Welt. Dabei erreichte ich langsam einen tieferen Bewusstseinszustand, wie in einer Art Meditation. "Fertig, was nun?", schien ich dabei eher spaßeshalber eine Frage zu formulieren und dachte: "Jetzt mache erst einmal für einen längeren Zeitraum eine Pause mit dem Schreiben von Büchern."

Doch plötzlich bemerkte ich – an ihrem Duft – die Präsenz meiner Erzengelin Gabriela. Und sie schlug mir vor: "Beginne, ein neues Buch zu schreiben!"

Ich prustete regelrecht los und verneinte sogleich: "Nein, bloß das nicht. Ich bin froh, dass ich gerade fertig geworden bin. Und ich möchte auch keine Geschichten mehr über Reikienergien, Kristalle und vor allem auch keine Familiengeschichten mehr erzählen. Die Kids sind jetzt langsam so alt, dass sie auch meine Bücher lesen, und sie bekommen die Krise, was ich so alles ausgeplaudert habe (z. B. die Läusegeschichte in einem Buch haben sie mir sehr übel genommen ...). Ich liebe nach wie vor alles: Kids, Reiki und Kristalle, doch darüber möchte ich jetzt nicht mehr öffentlich berichten, und meine Arbeiten mit den neuen "kosmischen Energien" sind noch nicht für eine Buchveröffentlichung geeignet.

Falls ich ein neues Buch schreiben würde, dann nur etwas ohne Familienstories, und es müsste etwas ganz Einmaliges sein, etwas, was es zuvor noch nie gab. Etwas ganz Neues und etwas, was jedem Leser sofort nützt." "Und damit ist die geistige Welt bzw. mein lieber Erzengel Gabriela sicherlich überfordert ...", fügte ich gedanklich hinzu, in der naiven Hoffnung, dass sie meine Gedanken nicht zu lesen vermochte.

Doch kurze Zeit später wurde ich geleitet, und Erzengelin Gabriela zeigte mir "Die Seele des Wassers – lebendiges Wasser mit seiner Struktur" – und sie übergab mich der Führung des "Heiligen Geistes", dem "Geist Gottes". Zwar ist über Wasser schon viel geschrieben worden, aber dass jeder Leser sich nun eigenes Energie-Wasser mit Hilfe der zur Broschüre gehörenden zwölf Wasser-Energiekarten selbst herstellen kann, das ist schon ziemlich neu ... Und wer dazu bereit ist, der darf ebenfalls den "Heiligen Geist Gottes" in sich aufnehmen und um Hilfe und Führung bitten beim "Spiel des Lebens".

Teil I

Die Quellen

Der Beginn: Nordkap, Norwegen

Das Nordkap-Plateau ist einer der eindrucksvollsten Orte dieser Erde, und deshalb bringen seit mehr als 300 Jahren Menschen aus allen Teilen der Welt Tage und Wochen damit zu, dorthin zu reisen. Auch viele bekannte Persönlichkeiten haben die Tour gen Norden schon unternommen, um die Freiheit und Intensität des hohen Nordens mit allen Sinnen zu erfahren. Auch ich durfte ein paar Stunden dort verbringen.

Das moderne Besucherzentrum, die Nordkaphalle, bietet einen Einblick in die Lebensumstände im äußersten Norden Norwegens. Neben dem berühmten Monument "Kinder der Erde", das von sieben Kindern aus unterschiedlichen Teilen der Welt errichtet wurde und das Kooperation, Freundschaft, Hoffnung und Freude über alle Grenzen hinweg symbolisiert, gibt es auch eine Panoramaleinwand im Untergeschoss. Dort kann der Besucher mit faszinierenden Landschaftsbildern für einige Minuten in eine andere Welt entführt werden. Wem jedoch, wie mir im Juli 2007, die Warteschlange des Panoramakinosaals zu lang ist, der wird vielleicht ein paar Meter weiter in der unterirdischen ökumenischen Kapelle seine persönliche Führung durch den Heiligen Geist genießen — oder Sie lassen sich von ihm einfach nur inspirieren. Die Kapelle heißt St. Johannes und ist Johannes dem Täufer gewidmet.

Johannes wurde, nach der Überlieferung, ein halbes Jahr vor Jesus geboren. Der schon alte Priester Zacharias, dessen Ehe lange kinderlos war, opferte im Tempel und erhielt durch den Erzengel Gabriel(a) die Verheißung, dass ihm ein Sohn geboren werden würde. Zacharias zweifelte, bat um ein Zeichen und wurde vom Engel mit Stummheit geschlagen. Die dann tatsächlich in hohem Alter schwanger gewordene Elisabeth wurde in der Schwangerschaft von Maria besucht, die bei ihr blieb bis zur Geburt des Johannes. Elisabeth, nach der Geburt über die Namensgebung befragt, wusste aus einer Eingebung heraus, dass der Knabe entgegen der Familientradition Johannes heißen sollte; gleichzeitig schrieb Zacharias den Namen auf eine Wachs-

tafel, erhielt nun seine Sprache zurück und brach in den im Lukasevange-
lium (1, 67-79) überlieferten Lobgesang aus.

Johannes trat als Bußprediger auf und verkündete am Jordan das Kommen des von den Juden ersehnten Messias, und er vollzog als Vorberei-
tung hierauf die Bußtaufe mit Wasser als Symbol der Reinigung. Johannes
taufte auch Jesus im Jordan.

Neben Jesus und Maria ist Johannes der einzige, dessen Geburtstag ge-
feiert wird, am 24. Juni (Johannistag), woran seine besondere heilsgeschichtliche
Bedeutung deutlich wird. Sein Hinweisen auf den Erlöser ist wohl der Grund,
warum sich das alte keltische Sonnenwendfest, der Tag des Sieges der Sonne
und des Lichtes über Dunkelheit und Tod, als geeignet erwies, um christ-
lich überformt zu werden – heute feiern wir an diesem Tag eben das Jo-
hannis- oder Johannesfest. Johannes- oder Sonnwendfeuer werden in vielen Gemeinden an diesem Tag abgebrannt, und mancherorts werden auch
Brunnen und Quellen besonders geschmückt. In just einer dem heiligen
Johannes geweihten Stätte, der St. Johannes-Kapelle am Nordkap, erhielt
ich im Sommer 2007 als große Gnade eine Spontan-Einweihung durch den
Heiligen Geist, sein Zeichen und die ersten nötigen Informationen für die
Wasser-Energiekarten.

Lebendiges Wasser des Heiligen Geistes

Der Heilige Geist vollbringt die Werke Gottes, er war bei der Erschaffung der Welt gegenwärtig.

"Die Erde aber wüst und wirr, Finsternis lag über der Urflut, und Gottes Geist schwebte über dem Wasser. Dann sprach Gott sein Wort, und das Universum wurde geschaffen." (Gen 1: 2-3)

Der Heilige Geist war gleichermaßen Mitschöpfer mit dem Vater und dem Sohn: Bei der Schöpfung des Menschen traf Gott die Entscheidung, ihn als sein Abbild zu schaffen; dieses Abbild und diese Ähnlichkeit wurde dem Menschen weitergegeben durch den Geist:

"Da formte Gott, der Herr, den Menschen aus Erde vom Ackerboden und blies in seine Nase den Lebensatem. So wurde der Mensch zu einem lebendigen Wesen." (Gen 2: 7)

Der Heilige Geist ist eine Gabe für alle, die bereit sind, an Jesus Christus zu glauben. Der Heilige Geist ist ein Geschenk Gottes, und es ist sinnvoll, um diese Gabe Gottes zu bitten. Der Heilige Geist stärkt unseren Glauben an Jesus Christus und hilft uns, um das zu bitten, was wirklich wichtig ist für unser Leben. Jesus sagte, der Heilige Geist würde nicht nur bei uns, sondern auch in uns sein. Das offenbart ein gewaltiges Geheimnis, denn wir brauchen nur unser Herz zu öffnen, dann können wir ihn finden und ihn erleben. Wunderbar und unglaublich sind die Erfahrungen der Verwandlung, die in einer Seele stattfindet, die mit dem Heiligen Geist erfüllt wird!

Der Heilige Geist führt uns immer und ist die Quelle der Inspiration. Er gibt Kraft und stattet uns mit verschiedenen Gaben und Talenten aus. Durch den Heiligen Geist ist Gottes Liebe in unsere Herzen ausgegossen (Röm 5: 5).

Er führt zu den Strömen lebendigen Wassers. *"Ihr werdet Wasser schöpfen voll Freude aus den Quellen des Heils." (Jes 12: 3)*

In der Herabkunft, durch die Berührung des Heiligen Geistes, kann sich die Stofflichkeit durchlichten, kann die Erneuerung der Materie stattfinden. Sie bedarf der Umwandlung durch den Heiligen Geist. Jede Wasserenergiekarte ist einzeln durchlichtet und mit dem Zeichen des Heiligen Geistes versehen worden ... und daher nicht kopierbar.

"Auf welchen du sehen wirst den Geist herabfahren und auf ihm bleiben, der ist's, der mit dem Heiligen Geist tauft." (Joh 1: 32-33)

Zwölf Spielregeln für die Dritte Dimension

Das Leben in der *Dritten Dimension*, in der wir uns derzeit befinden, ist ein Spiel mit festen Regeln, in dem es Verlierer und Gewinner gibt. Wer die Regeln kennt und sie befolgt, der gewinnt. Der Sinn dieses Spieles heißt: *Entwicklung* – wobei hier immer die eigene Entwicklung und die Entwicklung der gesamten Erde gemeint ist.

Sie können sich auf angenehme Weise weiterentwickeln – als Gewinner –, oder aber Sie wählen die unangenehme Art – in der Rolle des Verlierers. Beides schult, durch beide Rollen werden Erfahrungen gesammelt, beides kann sogar stärken. Durch Krankheiten kann man lernen, sich zu verändern, aber es geht genauso gut durch angenehme Erfahrungen und das Einhalten der Spielregeln.

Sie wollten mitspielen und lernen, das ist der Grund, weshalb Sie sich auf der Erde inkarniert haben – dem Schulungsplaneten der Dritten Dimension. Hier wirken die polaren Kräfte: Geben und Nehmen, Gut und Böse, Konstruktivität und Destruktivität. Es ist ein Spiel, einzig dazu gedacht, um Erfahrungen zu sammeln: gesund – krank, harmonisch – disharmonisch, gemeinsam – einsam, voller Hass – liebevoll.

1. Regel: Selbst entscheiden und Verantwortung tragen

Der freie Wille ist ein Privileg, ein Geschenk, um die Spieler zu stärken. Wer dieses Privileg nicht nutzt und stets den anderen die Verantwortung übergeben will (Ärzten, Psychologen, Therapeuten, Freunden, Ehepartnern, Eltern, Wahrsagern, Lebensberatern, Heilern ...), der läuft Gefahr, zum Verlierer zu werden. Die Wasser-Energiekarte Nr. 1 von der Kreuz-Quelle auf Gran Canaria kann helfen, wenn hier Änderungsbedarf besteht.

2. Regel: Erst innen, dann außen

Die Ordnungsgesetze des Kosmos' gelten überall: innen wie außen, oben wie unten. Harmonie in Ihrem Innenleben schenkt Ihnen auch mehr Harmonie in Ihrem Umfeld. Doch: Erst muss innen, in Ihnen selbst, Ordnung geschaffen werden, dies zieht die Ordnung des Äußeren automatisch nach sich.

Die Wasser-Energiekarte Nr. 2, das Stein-Wasser aus Norwegen, kann helfen, wenn hier Änderungsbedarf besteht.

3. Regel: Danken

Gott danken, danken, bevor man erhält, sowie danken, wenn man erhalten hat. DANKESCHÖN!

Die Wasser-Energiekarte Nr. 3 von der Blauen Lagune auf Island kann helfen, wenn hier Änderungsbedarf besteht.

4. Regel: Vergeben

Man sollte in der Lage sein, immer und jedem zu vergeben, anderen und sich selbst, tausend Mal (Zellspeicherung) ...

Die Wasser-Energiekarte Nr. 4 vom Godafoss in Norwegen kann helfen, wenn hier Änderungsbedarf besteht.

5. Regel: Prüfungen akzeptieren

Die Spielregeln besagen, dass jeder Mitspieler Prüfungen bestehen muss, um weiterzukommen. Keiner kann mehr Macht erhalten, wenn er mit dieser gar nicht umgehen kann. Die Prüfung ist jedoch stets dem aktuellen Entwicklungsstand angemessen, und so erhält der Meister Meisterprüfungen und der Anfänger einen Anfängertest – und nicht umgekehrt.

Die Wasser-Energiekarte Nr. 5 vom Gullfoss in Norwegen kann helfen, wenn hier Änderungsbedarf besteht.

6. Regel: Fließen

... denn Stagnation lässt erkranken. Alles, was im Fluss ist, ist gesund. Jeder muss lernen, sich zu verändern und sich Veränderungen anzupassen, man muss stets seine Flexibilität bewahren.

Die Wasser-Energiekarte Nr. 6, das Gletscherwasser aus Spitzbergen, kann helfen, wenn hier Änderungsbedarf besteht.

7. Regel: Liebe!

Liebe ist Leben, Liebe ist Gott und Gott ist Leben.

Die Wasser-Energiekarte Nr. 7, das heilige Wasser, kann helfen, wenn hier ein Mangel besteht.

8. Regel: Sich mit der Schöpfung verbinden

Die Schöpfung ist in jedem selbst und nicht außerhalb von uns. Daher kann die wahre Heilung und Harmonie, wahre Gesundheit und echtes Glück nur durch sich selbst kreiert werden – denn so lauten die Spielregeln. Durch Innenschau, Stille und Konzentration auf die eigene Mitte (auf Gottes Stimme) erhält jeder Informationen. Nutzen Sie diese, um die nächsten Spielzüge clever zu planen – gewinnen Sie!

Die Wasser-Energiekarte Nr. 8, das Regenbogen-Wasser, kann helfen, wenn hier Änderungsbedarf besteht.

9. Regel: Die Einheit anerkennen

Es gibt keine Trennung – alles ist miteinander verbunden, jeder ist "eine Zelle im Körper Gottes". Jede Zelle hat eine andere Aufgabe, aber jede hat den gleichen Wert. Doch wenn die Zelle sich nicht einfügen will, disharmonisch ist, alle stört, alles zerstört, reagiert der restliche Verband mit entsprechenden Regeln, und sie verliert (sich).

Die Wasser-Energiekarte Nr. 9, das Blitz-Wasser, kann helfen, wenn hier Änderungsbedarf besteht.

10. Regel: Gedankenkontrolle

Wisse genau, was du willst, und richte deine Gedanken danach aus, denn das Beherrschen der eigenen Gedanken ist nicht zu unterschätzen.

Die Wasser-Energiekarte Nr. 10, das Abendsonnen-Wasser, kann helfen, wenn hier Änderungsbedarf besteht.

11. Regel: Das Gesetz von Ursache und Wirkung

Erkennen Sie, dass es keine Zufälle gibt, sondern das Gesetz von Ursache und Wirkung bzw. das von Saat und Ernte wirkt immer. Man kann nur ernten, was man gesät hat ... Erntet man einfach die Saat des Nachbarn ab, so bekommt man auch selbst etwas genommen. Das können materielle Dinge sein oder auch Gesundheitszustände. Krankheiten treten nicht zufällig in unser Leben, sondern sie sind verschlüsselte Botschaften. Forschen Sie nach, was sie Ihnen mitteilen wollen, wo Änderungsbedarf besteht. Betrachten Sie das Seelische (Ärger etc.), jedoch ebenso die Lebensführung (Rauchen, Medikamente etc.), Ihre Ernährung (zu wenig trinken etc.), die eigene Umwelt (Giftstoffe, Elektrosmog etc.) oder unangenehme Lebensumstände als Hinweise, dass etwas nicht rund läuft in Ihrem Leben.

Die Wasser-Energiekarte Nr. 11, das Vollmond-Wasser, kann helfen, wenn hier Änderungsbedarf besteht.

12. Regel: Gleiches zieht Gleiches an

Großzügigkeit zieht Menschen an, die auch großzügig sind. Das Spiegelgesetz hierzu lautet: Alles, was dich umgibt, hat mit dir selbst zu tun.

Die Wasser-Energiekarte Nr. 12, das Sternen-Wasser, das Wasser der Freude, kann helfen, wenn hier Änderungsbedarf besteht.

Die Energien der Wasserkarten können ein Hilfsmittel sein, um das eigene Leben zu meistern, sich umzuwandeln, zu fließen und in der Entwicklung leichter sowie auf angenehme Weise im Spiel des Lebens weiterzukommen. Die Bereitschaft dazu liegt im Inneren und in der persönlichen Entscheidung.

Wisse: Gott ist in Ihnen und hat Sie nach den kosmischen Gesetzen geformt.

Es ist für die Menschen eine neue Existenzweise geplant. Sie werden eine Metamorphose durchmachen und ihre Schwingungen erhöhen dürfen, so wie auch die Erde selbst eine Erhöhung erfahren wird. Deshalb kommen nun viele neue Informationen zu den Menschen, und kosmische Energien unterstützen diese Entwicklungsprozesse. Doch so wie die Raupe nicht ahnt, wie schön es ist, ein Schmetterling zu sein, so ist auch vielen Menschen das Geschenk der *kosmischen Energien* nicht bewusst, deren Hilfe nötig ist, um die Erde und das Wasser wieder von ihrer Verschmutzung durch die Menschen zu befreien.

Wir müssen lernen, nicht länger an veralteten und überholten Einstellungen festzuhalten, und wir dürfen kein System mehr unterstützen, dass unseren Lebensraum zerstört und unsere Kinder verdirbt. Denn die Natur ist ein unendlich schönes, unglaublich komplexes Lebenssystem, in dem ALLES in gegenseitiger Einflussnahme und Abhängigkeit ineinandergreift und ein wunderbares Gleichgewicht wirkt. Dieses Gleichgewicht muss erhalten bleiben, und es darf nicht durch menschlichen Egoismus außer Kraft gesetzt werden. Dies ist ein wichtiger Lernprozess der Menschheit, der noch immer anhält: Es ist der Schritt vom ICH zum DU zum WIR.

Wasser ist nicht alles, aber alles ist nichts ohne Wasser. Die Wasserkarten können beim Spiel des Lebens helfen und überall dort etwas in Fluss bringen, wo noch Stagnationen vorhanden sind.

Teil II

Die Anwendung der Wasser-Energiekarten

Allgemeines zum Wasser

Unsere Erdoberfläche besteht zu über 70 Prozent aus Wasser. Es kommt als einzige Substanz in allen drei Aggregatzuständen vor: flüssig, gasförmig und fest. Wasser ist ferner die einzige Flüssigkeit, die sich ausdehnt, wenn sie gefriert.

Wasser kann nachgeben, genauso wie erobern. Wasser kann Feuer auslöschen oder als Dampf fliehen und sich neu formieren. Wasser spült weiche

Erde fort, oder es sucht, wenn es auf Felsen trifft, einen Weg, sie zu umgehen. Zwar gibt Wasser scheinbar Hindernissen nach, doch seine Demut täuscht, und keine Macht der Welt kann verhindern, dass es seinem vorbestimmten Lauf zum Meer folgt. Wasser kann den Wind beruhigen, indem es die Atmosphäre befeuchtet, und es kann die Qualität der Luft verbessern durch den Transport von Salzkristallen. Alles Leben auf der Erde ist an das Wasser gebunden, erst Wasser ermöglicht das Leben, das zudem auch nur, bis auf wenige Ausnahmen, durch Wasser erhalten werden kann.

Wenn viel Wasser vorhanden ist, dann kann gedeihen, denn Wasserenergie zieht kosmisches Qi an und daher Sauerstoff – beides Schlüsselfaktoren zum Leben. In der Feng-Shui-Praxis ist das Element Wasser am bedeutungsvollsten, denn es ermöglicht Wohlstand und Reichtum. Sogar Wasserbilder erzeugen bereits harmonische Energien und vermögen Blockaden oder Stauungen in Räumen zu lösen. Auch die Luftqualität verbessert sich nachweislich in Räumen mit Wasserpostern, besonders für sensitive Menschen ist dies bemerkbar. Alleine der Blick in ein gesundes Gewässer kann erfrischend wirken auf Geist und Körper. Ob am plätschernden Bach, beim tosenden Wasserfall, bei der tiefen Ruhe eines Sees, ehrfürchtig vor der Kühle eines Eisgewässers oder staunend vor dem Funkeln des Meeres mit den darin glitzernden Sonnenstrahlen, jeder der sich mit seinen Sinnen auf diese lebensspendenden Quellen einlässt, kann seine persönliche Harmonie steigern.

Selbst die Gehirnforschung hat entdeckt, das schöne Naturerlebnisse das Herz weiten und die Hirnchemie verändern – sie können glücklich machen. Laut dem US-Psychologen Mihaly Csikszentmihali liegt der *"Flow"* (engl.: Fließen, Strömen), *"das Wesen des Glücks"* u. a. im Einswerden mit der Umwelt, z. B. indem man dem Gesang eines Baches lauscht.

Wasser sinnvoll zu nutzen, um damit sogar therapeutische Erfolge zu erreichen, riet ebenso bereits Pfarrer Sebastian Kneipp (1821-1897). Er wusste, Wasserkuren können entgiftend wirken, den Stoffwechsel und den Kreislauf normalisieren und das Immunsystem stärken. Doch er meinte auch: "Erst als ich die Seele mit einbezog, wurde ich wirklich gesund."

Viele naturreine und naturbelassene Wasser können den Seelenschmerz lindern. Der Geist Gottes zeigte mir Wasser, das mit seinem natürlichem Energiemuster das VERZEIHEN erleichtern kann (Götterwasser) oder anderes, das Kraft zu spenden vermag (Regenbogenwasser).

So wie auch die Pflanzen mit ihrer inneren Energie unterschiedlich wirken, so besitzt auch ein jedes Wasser eine unterschiedliche innere Struktur und kann für verschiedene Zwecke hilfreich eingesetzt werden.

Unmöglich ist's, drum eben glaubenswert.

Goethe

Wasser besitzt sogar eine veränderbare innere Struktur – ein Phänomen, dem die Wissenschaft bisher noch wenig Aufmerksamkeit geschenkt hat. Als Energieträger fließt es immer vom höheren zum niedrigeren Potenzial,

d. h. die bessere Wasserqualität überträgt ihre Informationen stets auf die Minderwertige, ebenso wie eine Lichtquelle immer die Dunkelheit erhellt.

Daher übertragen sich die hohen Energien der ständig *strahlenden* Energiekarten auf Ihr Wasser, wenn sie *außen* an einen Glaskrug oder ein Wasserglas befestigt werden. Und das Wasser nimmt gerne jede Information an, die zur Wiederherstellung und Festigung der ursprünglichen Ordnung und der inneren Struktur führt.

Wasser kann tatsächlich die unterschiedlichsten Schwingungen aufnehmen, speichern, weiterleiten und seinerseits übertragen. Mit den zwölf zum Set gehörenden Wasserkarten gelingt es, ganz normales Leitungswasser in Trinkwasserqualität zu lebendigem Energiewasser umzuwandeln. Jede der unterschiedlich programmierten Karten ist in der Lage, ihre gespeicherten Informationen ins Wasser zu übertragen, wenn sie 24 Stunden in engem Kontakt damit war. Befestigen Sie die Energiekarte an einem Krug oder Glas mit stillem Wasser, Leitungswasser ist bei guter Qualität auch möglich, und lassen Sie der Energie 24 Stunden Übertragungszeit. Danach hat das Wasser die Informationen gespeichert, den Geschmack verändert und manchmal sogar das Aussehen. Dies ist sogar messbar und nachweisbar, wie immer wieder Tests von Seminarteilnehmern ergeben haben.

Bei klaren Glaskrügen empfiehlt es sich, die Karte am Gefäß befestigt zu lassen und das entnommene Wasser stets gleich wieder zu ersetzen.

Wasserkrüge sollten zudem abgedeckt sein und natürlich ist auf Kühlung und auf Hygiene zu achten.

Besonders gut zur Aufbewahrung des bereits energetisierten Wassers eignen sich auch Flaschen aus Blauglas (Shop: www.hilf-heilen.de), da diese von außen keine weiteren Informationen zulassen und so eine Vermischung von Energien verhindert wird (z. B. wenn mehrere Wasserkrüge mit verschiedenen Energiekarten im Kühlschrank aufbewahrt werden).

Die original Wasser-Energiekarten sind versiegelt, nicht kopierbar und in ihrer Wirkung dauerhaft, also zeitlich unbegrenzt einsetzbar.

Auch Tiere sowie Pflanzen genießen belebtes Wasser, und Kinder lieben es.

Wisse: Eine Überdosierung kann nicht erfolgen, weder bei Menschen noch bei Tieren oder Pflanzen.

Anwendung des energetisierten Wassers

Das energetisierte Wasser trinken

Das Trinken dieses Wassers bewirkt eine positive Veränderung, wenn es der Mensch (das Tier oder die Pflanze) zulässt. Das Ziel der Wasserenergetisierung mit Energiekarten ist die Harmonisierung und Stärkung des Körpers. Durch das Trinken des energetisierten Wassers, werden die im Wasser gespeicherten Informationen direkt dem Zellwasser übergeben. Eine Wasserkur kann über einen Zeitraum von drei Wochen erfolgen, bei Bedarf aber auch beliebig verlängert werden.

Beginnen Sie mit der Energiekarte Ihrer Wahl, wählen Sie einfach die Karte aus, deren Thema Sie derzeit am meisten anspricht, oder folgen Sie dem Buchverlauf, und starten Sie mit der ersten Energie.

Noch ein Tipp: In den kalten Monaten ist es angenehmer, das Wasser angewärmt zu trinken, Sie können es beispielsweise in einer Glas-Teekanne mit Stövchen ständig trinkbereit haben.

Mit dem energetisierten Wasser baden

Befestigen Sie die Energiekarte an einem Krug mit Leitungswasser, und lassen Sie die Energie 24 Stunden wirken. Danach wird das energetisierte Wasser einfach dem Badewasser beigemischt, und die Energie überträgt sich rasch auf den gesamten Wanneninhalt.

Das energetisierte Wasser zur Hautpflege verwenden

Da auch kosmetische Produkte wie Lotionen und Cremes zum großen Teil aus Wasser bestehen, können auch diese mit Energiekarten aufgeladen werden. Fügen Sie einen Tropfen des bereits belebten Wassers in das Produkt, und der Rest geschieht von selbst.

Energetisiertes Wasser als Kompresse oder Auflage

Wattepads mit energetisiertem Wasser durchtränken, z. B. von der Abendsonne oder Heiliges Wasser, und 10 bis 30 Minuten lokal platzieren, bei Prellungen oder Schwellungen. Auch sehr effizient als Augenauflage.

Mit dem energetisierten Wasser kochen

Das Wasser kann für den Tee ebenso verwendet werden wie für Kaffee, und natürlich kann man es auch dem Kochwasser beimischen.

Tauchen Sie ein in *das lebendige Wasser* − und dieses kann zum Balsam für Körper und Seele werden. Mögen die Bilder inspirierend und die Wasserkräfte harmonisierend wirken, um so die bedeutsame Rolle des naturreinen Wassers in unserem Leben zu vertiefen.

Des Menschen Seele gleicht dem Wasser:
vom Himmel kommt es,
zum Himmel steigt es,
und wieder zur Erde muss es,
ewig wechselnd.

Goethe

Organfunktionen unterstützen
durch energetisiertes Wasser

Durch das Trinkwasser als wichtigstem Informationsträger nimmt der Körper Informationen auf und leitet sie an jede Zelle weiter. Je mehr hochwertige Informationen (LIEBE – HARMONIE – WERTVOLL SEIN) wir erhalten, desto wohler fühlen wir uns.

Zu folgenden Zeitpunkten (aktuelle Ortszeit) arbeiten die Organe am intensivsten, und eine Wasserkur, zu diesen Zeiten durchgeführt, unterstützt

das jeweilige Organ intensiv. Parallel zur optimalen Uhrzeit, zu der Sie ein bestimmtes Organ unterstützen können, habe ich Ihnen noch die möglichen seelischen Gründe aufgelistet, die dafür verantwortlich sein können, dass Sie Probleme mit diesem Organ haben:

23 Uhr bis 1 Uhr: Gallenblase (Gallenblase/Galle)
    – Verbitterung, Stolz, Gedankenhärte

1 Uhr bis 3 Uhr: Leber (Leber/Stoffwechsel)
    – Wut, man kann die primitiven Emotionen nicht beherrschen

3 Uhr bis 5 Uhr: Lunge (Atemwege/Lunge/Haut)
    – anhaltende Traurigkeit, Gefühl der Wertlosigkeit

5 Uhr bis 7 Uhr: Dickdarm (Dickdarm/Appendix/Haut)
    – die Vergangenheit nicht loslassen können

7 Uhr bis 9 Uhr: Magen (Magen/Speiseröhre/Zwölffingerdarm)
    – Angst vor Neuem, Wunsch, allen alles recht zu machen

9 Uhr bis 11 Uhr: Milz/Pankreas (Milz/Bauchspeicheldrüse)
    – sich zu viele Sorgen machen

11 Uhr bis 13 Uhr: Herz (Herz/Herzkranzgefäße)
    – Mangel an Liebe und/oder Sicherheit

13 Uhr bis 15 Uhr:	Dünndarm (Dünndarm/Lymphe/Mandeln) – nicht loslassen können
15 Uhr bis 17 Uhr:	Harnblase (Harnblase/Harnröhre) – Ängstlichkeit, stocksauer sein
17 Uhr bis 19 Uhr:	Niere (Nieren/Nebennieren/Wasserhaushalt) – Kritik, Enttäuschung
19 Uhr bis 21 Uhr:	Kreislauf und Sexualität (Geschlechtsorgane/ Arterien/Venen) – Mangel an Freude
21 Uhr bis 23 Uhr:	Dreifacherwärmer (Kapilargefäße/Nerven) – an Schmerz aus der Vergangenheit festhalten

Auch die Deutsche Gesellschaft für Ernährung e.V. (DGE) empfiehlt Trinkwasser als idealen Flüssigkeitslieferanten: "Unser Leitungswasser eignet sich dank seiner guten Qualität hervorragend als Durstlöscher und leistet einen wichtigen Beitrag zur Deckung des Flüssigkeitsbedarfs." (Quelle: DGE-aktuell 03/2006 vom 14.03.2006)

Eine ausschlaggebende Rolle für die Gesunderhaltung des Körpers spielt Wasser für unser größtes Organ: die Haut, das Spiegelbild unserer Seele. Sie kann Wasser aufnehmen, speichern und als Absonderungs- und

Ausscheidungorgan bei Bedarf wieder abgeben. So wird bei zu heißer Außentemperatur Wasser in Form von Schweiß abgegeben, um den Körper zu kühlen. Die Haut entzieht teilweise auch dem Organismus Giftstoffe, wie z. B. Medikamentenrückstände, und sie vermag diese über die Hautdrüsen auszuscheiden.

> Wenn wir unser Wasser vergiften, vergiften wir uns selbst.
> Marco, mein ältester Sohn

Wird bereits das unterirdische Wasser verunreinigt, durch Rückstände aus der Landwirtschaft, Hormone und Antibiotika oder neu entwickelte chemische Verbindungen aus der Kunststoffindustrie, so lässt sich dieses Wasser immer schwerer wieder aufreinigen. Anhand von Fotoaufnahmen unterschiedlicher Eiskristalle belegte der japanische Wissenschaftler Masaru Emoto, dass selbst chemisch gereinigtes Wasser noch seine "Verschmutzungsinformationen" behält und nicht als wirklich "rein" bezeichnet werden kann. Die Auswirkungen davon für alle Lebewesen, vor allem für uns Menschen, sind, dass der Körper mit vielen dieser negativen Einflüsse nicht mehr fertig wird.

Ebenfalls wissenschaftlich nachprüfbar bewies Prof. Emoto, dass Worte, Gedanken und Gefühle sich qualitativ auf Wasser auswirken, denn Wasser in jeglicher Form nimmt Informationen auf. Auch unser Zellwasser kann regelrecht "programmiert" werden. Daher müssen wir so genau darauf achten, welche Informationen wir in es einspeisen! Leider ist unser Zellwasser aber oft genauso verschmutzt wie die Gewässer der Erde. Jedes disharmonische Umfeld, jede Streiterei oder Beleidigung, jede Geringschätzung hat eine negative Auswirkung auf die Gesundheit der betreffenden Personen. Wird die KRÄNKUNG nicht wieder bereinigt, sondern im Zellwasser gespeichert, dann macht sie eines Tages KRANK.

Doch: Das Wunderbare ist, dass eine kleine positive Information genügt, um viele negative zu löschen ... Zündet man ein kleines Licht in einem dunklen Raum an, so wird es heller, denn Licht ist immer stärker als Dunkelheit. Selbst die kleinste Lichtquelle kann nicht von der Dunkelheit überwältigt werden, sie bleibt nicht nur in sich erhalten, sondern verändert auch die direkte Umgebung. Und so wie selbst eine kleine Lichtquelle die Dunkelheit um sich herum erhellen kann, so kann auch bereits ein Glas reines Wasser dem Körper helfen, seine Struktur zu verbessern und einen gesundheitlichen Erfolg zu erzielen.

Dafür empfiehlt es sich, etwa zwei bis drei Liter **hochwertiges, lebendiges Wasser** zu trinken und auszuscheiden. Je "lebendiger" wir werden, desto "lebendiger" wird auch unser "Ausscheidungswasser", und damit dient es wieder dem gesamten Naturkreislauf, denn das Leben ist ein Geschenk, aber auch eine Verpflichtung.

In erster Linie ist es eine **Verpflichtung zu Liebe und Freude** sich selbst gegenüber – und damit erhöhen wir die Frequenz von **Allem-was-ist**, denn ALLES enthält Wasser, und **alles Wasser ist miteinander verbunden.**

Pendeltafeln

Pendeltafel 1

Frage: Welche Spielregel des Lebens gilt es für mich besonders zu beachten?

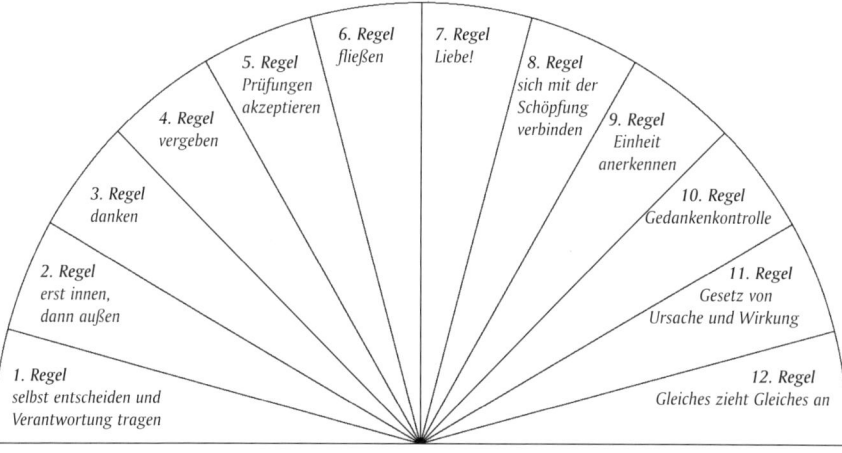

Pendeltafel 2

Frage: Welche Wasserkarte ist derzeit die wichtigste für mich?

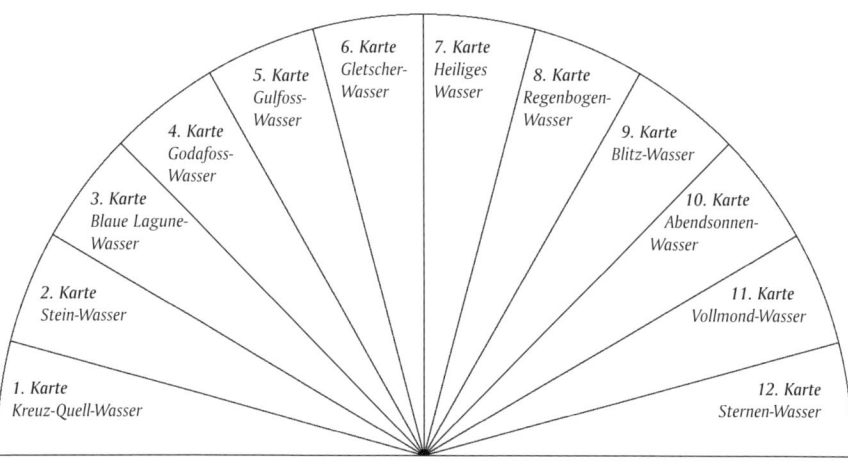

1. Karte Kreuz-Quell-Wasser
2. Karte Stein-Wasser
3. Karte Blaue Lagune-Wasser
4. Karte Godafoss-Wasser
5. Karte Gulfoss-Wasser
6. Karte Gletscher-Wasser
7. Karte Heiliges Wasser
8. Karte Regenbogen-Wasser
9. Karte Blitz-Wasser
10. Karte Abendsonnen-Wasser
11. Karte Vollmond-Wasser
12. Karte Sternen-Wasser

Pendeltafel 3

Frage: Welche drei Wasserkarten soll ich kombinieren?

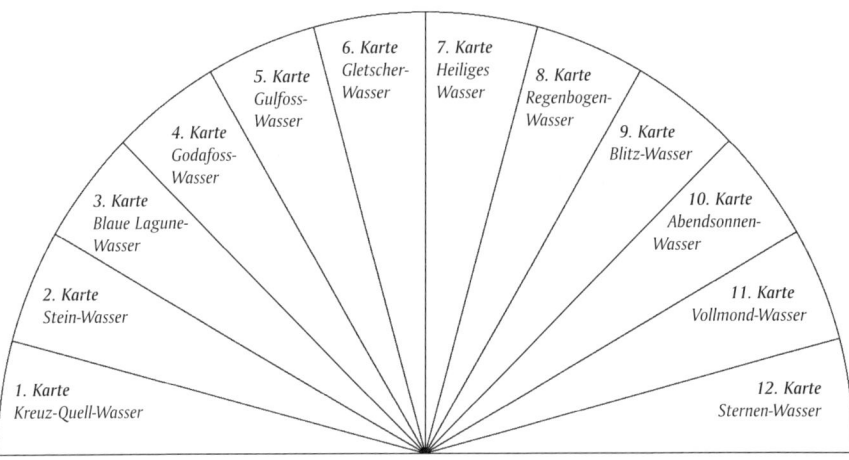

Pendeltafel 4

Frage: Wie viele Tage soll ich das Wasser trinken?

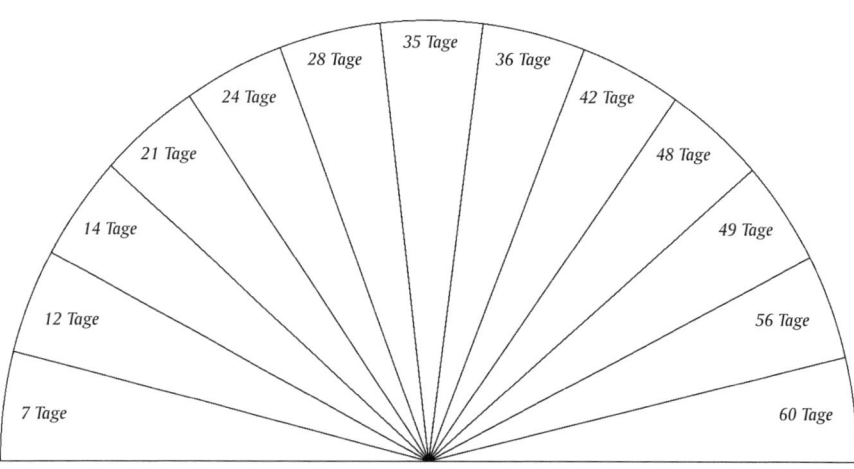

7er-Rhythmus
Die Zahl 7 ist bis heute in nahezu allen Kulturen eine Zahl mit herausragender Bedeutung, eine Glückszahl, die über Jahrtausende hinweg verehrt wurde. Sie steht für Vollendung und für die Umwandlung vom Realen ins nicht mehr Nachvollziehbare; WUNDERBAR.

12er-Rhythmus
Die Zahl 12 wirkt in allen Bereichen als stabilisierende und harmonisierende Kraft. Im Christentum ist die 12 neben der 7 die heilige Zahl der Begegnung mit Gott. Sie symbolisiert damit GANZHEITLICHKEIT.

Pendeltafel 5

Frage: Welches meiner Organe benötigt mehr Flüssigkeit?

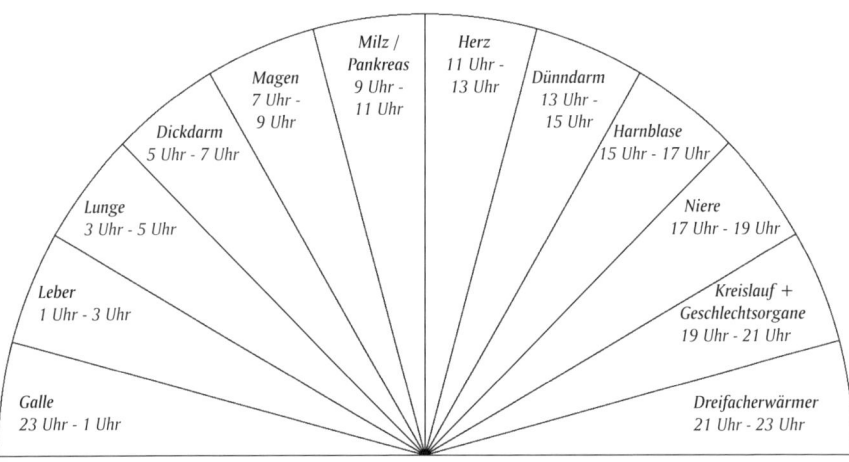

Die angegebene Uhrzeit ist die beste Zeit für die Flüssigkeitsaufnahme. Natürlich unterstützt aber auch das Trinken zu anderen Tageszeiten die Funktionen der Organe (siehe dazu auch Seite 41).

Pendeltafel 6

Frage: Welche Wassertemperatur ist für mich optimal?

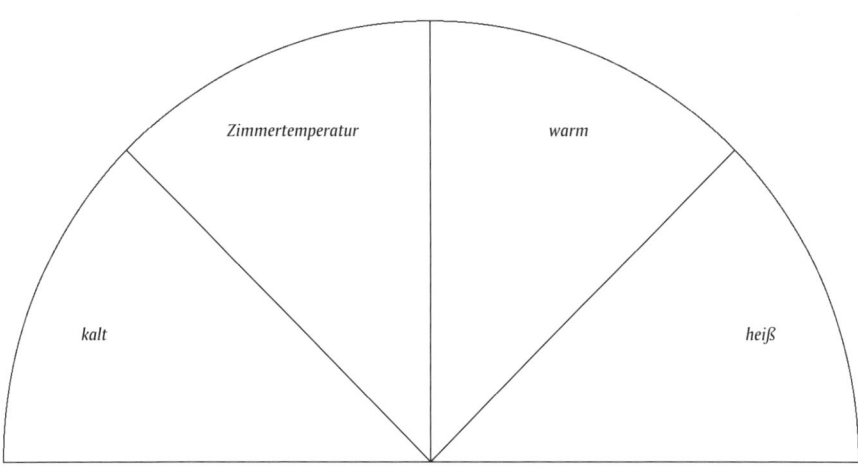

Zimmertemperatur

warm

kalt

heiß

Teil III

Die Wasser-Energiekarten

Kreuz-Quell-Wasser
Wasserenergiekarte Nr. 1

Lockert verhärtete Strukturen und hilft, Verantwortung zu tragen

Herkunft

Diese Kreuz-Quelle fand ich "zufällig" auf einem Ausflug an der schmalen Bergstraße nach Tejeda in Gran Canaria. Wir dürfen ab und zu Weihnachten auf dieser schönen Insel genießen, und im Dezember 2007 fiel mir ein Flyer eines Heilpflanzenmuseums in die Hände. Normalerweise hätte ich dem keine Beachtung geschenkt, da Pflanzen sowieso selten meine großzügigen

Wasserspenden überleben und ich ihre Züchtung längst aufgegeben habe ...
Doch dieses Museum schien mich magisch anzuziehen, ich musste dorthin.

Also überredete ich meinen Mann, auf einen Strandtag zu verzichten und dafür eine stundenlange Autofahrt über schmalste Bergstraßen in das etwa 80 Kilometer entfernte Dorf Tejeda zu unternehmen. Durch ein Zentralmassiv gelangt man schließlich in das kleine entzückende Dorf und zu dem ganz in der Nähe liegenden Cruz de Tejeda (Kreuz von Tejeda), ein düsteres in Stein gemeißeltes Kreuz auf einem Bergpass in 1580 Metern Höhe, das als eigentliches Zentrum der Insel Gran Canaria betrachtet werden kann.

Wir selbst haben jedoch das Cruz de Tejeda irgendwie verpasst und das Heilpflanzenmuseum war an diesem Tag geschlossen ... Dafür fiel meine Aufmerksamkeit auf der Hinfahrt auf eine Quelle am Straßenrand, an der ein paar Einheimische "zufällig" gerade Wasser in Kanister füllten. Gott sei Dank, denn sonst wäre mir diese unauffällige Quelle bestimmt entgangen. Direkt über der Quelle faszinierte mich sofort ein kreuzförmiger Hohlraum, und durch die Sonnenstrahlen sah er lichtvoll aus, was auf meinem Foto leider nicht so gut zu erkennen ist und eher dunkel wirkt. Es enthält wohl beide Aspekte, das Licht und die Dunkelheit, die Kreuzigung und die Auferstehung, je nach dem Blickwinkel des Betrachters.

Die freundlichen Canarier ließen mich ein paar Tropfen des Wassers in mein Glasfläschchen füllen, und ich war so froh, dass sie genau in dem Moment an der Quelle gestanden hatten, als wir mit dem Auto vorbeigefahren sind.

Am Abend dieses Tages war mir klar, dass der einzig "wahre" Grund für diesen Tagesausflug das Auffinden dieser Kreuz-Quelle war. Da mein Verstand (und mein Mann ebenso) nie zugelassen hätten, einfach aufs Blaue hinaus in die Berge zu fahren, um vielleicht eine unbekannte und fast nicht sichtbare Quelle zu finden, diente das Heilpflanzenmuseum als wunderbares Lockmittel ...

Farbe
Klares Smaragdgrün – stärkt das Herzchakra und ist die Farbe der Heilung

Engel
Erzengel Raphael – unterstützt Heilungsprozesse

Energie
Im persönlichen Channeling über dieses Wasser erfuhr ich: "*Ich helfe dir, wenn schwere Lasten auf deinen Schultern ruhen. Wenn die Last über einen längeren Zeitraum zu schwer war, dann vermag ich verhärtete Strukturen wieder zu lösen und dich aufzurichten, denn du musst dir nicht alleine die Last des Lebens auf die Schultern laden, nicht für alles die Verantwortung tragen – lass los.*"

Die Struktur des Wassers hilft, Verantwortung zu tragen oder diese wieder abzugeben, wenn man zu viel getragen hat. Das Wasser kann hilfreich eingesetzt werden beim "Kreuz mit dem Kreuz", und das Trinken dieses Wassers unterstützt alle Genesungsprozesse, die mit den Knochen und der Wirbelsäule zu tun haben.

Die Energie löst aber auch auf sanfte Weise verhärtete Denkmuster oder veraltete Vorstellungen. Sie befreit so von unnötigem Ballast und stärkt den göttlichen Willen. Sie fördert ferner auch das harmonische Zusammenwirken aller Organe. Wenn man durch die Lebensumstände niedergedrückt wurde, kann man mit dieser Energie wieder Kraft schöpfen.

Die Kreuzquelle in Gran Canaria wurde von mir am Ostersonntag 2008 kurz vor 12 Uhr "entstört", also von den negativen Einflüssen aus der Umwelt befreit, die durch die direkte Anbindung an die Straße immer stärker wurden. Dies erhielt ich als Auftrag von meiner geistigen Führung. Es ist wichtig, der Natur nicht nur etwas zu entnehmen, sondern ihr auch stets etwas zurückzugeben.

Empfehlung

Das abendliche Trinken des Gran Canaria-Quellwassers über einen Zeitraum von etwa vier Wochen ist als erste Energiekarte und besonders in beruflichen oder privaten Stressphasen zu empfehlen, da sie die Verantwortung für das eigene Leben entweder stärkt oder zu viel Verantwortung mildert. Allerdings können intensive energetische Umwandlungsprozesse manchmal auch mit unangenehmen Nebenwirkungen einhergehen (z. B. Müdigkeit oder Frieren). Dann ist es ratsam, eine zweite Energie hinzuzufügen, z. B. das Regenbogenwasser.

Natürlich kann man auch mit jeder anderen der zwölf Wasserenergiekarten beginnen oder sie untereinander kombinieren, je nach persönlicher Lebenssituation.

Energiekarte mindestens 24 Stunden außen an einem Gefäß aus Glas befestigen, danach ist die Information an das Wasser übertragen, und dieses kann immer wieder aufgefüllt werden.

Das Kreuz mit dem Kreuz

Jeder Rückenschmerz ist eine Botschaft, erkenne und ändere ...
Schmerzen in den Schultern bedeuten, dass man Verantwortung endlich selbst tragen soll, oder aber es wurde zu viel Verantwortung übernommen, und der Schmerz weist darauf hin, dass etwas abgegeben werden sollte.

Rechte Schulter: Probleme, die einem von anderen aufgebürdet werden.

Linke Schulter: Probleme, die man sich selbst unnötigerweise aufbürdet.

Oberer Rücken: Wut auflösen.

Mittlerer Rücken: Schuldgefühle auflösen.

Unterer Rücken: negative Erinnerungen auflösen.

Kurz über dem Kreuzbein: Entscheidungen tragen oder treffen.

Kreuzbein: Rechthaberei beenden, Geldsorgen loslassen (da das Sorgen auch nichts nützt und den Menschen nur noch mehr schwächt, so dass er keine Energie mehr zur Verfügung hat, diesen Zustand zu verändern).

Steißbein: Ungeduld beherrschen, Besserwisserei beenden.

Stein-Wasser

Wasserenergiekarte Nr. 2

Festgefahrene Muster und alte Verbindungen lösen / Wandlung und abnehmen

Herkunft

Zu diesem Wasser wurde ich bei einem Ausflug in dem idyllischen kleinen Örtchen Geiranger in Norwegen geführt. Umgeben von herrlichster Natur, in der man das Gefühl hatte, an einem der Lieblingsplätze Gottes zu sein, gelangte ich zu einem sprudelnden Bach, der dort unbekümmert und vollkommen naturbelassen seinen Weg talabwärts plätscherte. Alles, was seinen Weg kreuzte, schien er zu reinigen und mit seiner wunderbaren Energie zu durchdringen.

An einer Stelle, weit über dem Dorf, gelang es mir, diese lebendige Energie des Bachwassers in einem Ritual aufzunehmen und zu speichern. Dabei ließ ich mir von meinen Helfern aus der "geistigen Welt" erklären, wie diese Wasserenergie dienend für Menschen eingesetzt werden kann.

Farbe
Rubinrot – unterstützt Lebenslust, Energie, Tatkraft und Aktivität.

Engel
Tranquilus & Pazifika – unterstützen das Auflösen alter Verbindungen, die nicht auf der Basis der Selbstbestimmung und der Liebe beruhen.

Energie
Die Energie dieser Wasserkarte kann von festgefahrenen Mustern oder falschen Abhängigkeiten erlösen, zu einer Wandlung führen und das Abnehmen unterstützen. Sie fördert das Loslassen. Durch die Stärkung der eigenen Macht unterstützt die Energie das Beschreiten ganz neuer Wege, wenn eine Richtungsänderung von Vorteil ist. Genauso kann jedoch manch-

mal auch ein Rückzug am sinnvollsten sein, und das wäre dann die "richtige Richtung"...

Die Energie hilft Ihnen, sich zu erinnern, wer Sie wirklich sind und in welchen Dienst Sie sich stellen sollten: Sie sind ein Kind Gottes.

Empfehlung
Tägliches Trinken, möglichst lauwarm und über einen Zeitraum von mindestens vier Wochen. Als Badewasser wirkt es belebend.

Energiekarte mindestens 24 Stunden außen an einem Gefäß aus Glas befestigen, danach ist die Information an das Wasser übertragen, und dieses kann immer wieder aufgefüllt werden.

Festgefahrene Muster lösen und abnehmen

Durch die Nichtbeherrschung unseres Geistes erschaffen wir uns selbst Problem um Problem. Nicht nur Krankheiten entstehen durch seelisches Chaos, sondern auch Unfälle und negative Lebensumstände.

Stelle ich die Ordnung und Struktur in meinem Inneren aber wieder her, löse ich mich von falschen Ansichten (wie "Ich bin eben so, das ist mein

Naturell!") und erkenne ich den Änderungsbedarf in mir, so kehrt auch Ordnung in mein Umfeld zurück. Erst innen, dann außen.

Löse ich mich von innerem Ballast, dann kann auch der Körper sich leichter von unnötigem Gewicht befreien, und das Abnehmen kann müheloser gelingen.

Eine Norwegische-Stein-Wasserkur kann hier zusätzlich helfen:
- Wasser auf Zimmertemperatur anwärmen.
- Immer wieder in kleinen Schlucken und kleinen Mengen trinken.
- Zwei bis drei Liter über den ganzen Tag verteilt trinken.

Blaue Lagune-Wasser
Wasserenergiekarte Nr. 3

Dankeschön / Schönheit

Herkunft

Die "Blaue Lagune" ist ein mineralienreicher Thermalsee und liegt in Südwest-Island auf der Halbinsel Reykjanes, deren geologische Beschaffenheit hauptsächlich poröses Lavagestein darstellt. Sie wurde im Jahr 1999 neu eröffnet (999 – Christuszahl) und ist mit ihrer hautheilenden Wirkung international bekannt.

Die 28-34° C Grad warme Blaue Lagune entstand als Nebenprodukt eines Geothermalkraftwerkes und ist inzwischen ein besonderes Naturphänomen: Es ist eine Lavasenke, gefüllt mit zwei Dritteln Salzwasser und einem Drittel Süßwasser. Die Meerwasser-Aktivbestandteile sind Mineralsalze, Kieselerde und Algen.

Farbe

Türkisblau, Blau und Grün – sie stehen für Reinheit, Klarheit und Heilung. Die blaue Farbe des Sees entsteht durch die Kieselsäure, die vor allem die blauen Strahlen der Sonne reflektiert.

Mischt man die Farben Grün und Blau, so entsteht Türkis, die Heilfarbe des Haut-Meridians. Wissenschaftliche Forschungen haben die heilende Wirkung des Wassers der Blauen Lagune/Island z. B. bei Psoriasis (Schuppenflechte) bestätigt.

Engel

Engel der Heilung – sie fördern den individuellen Heilungswillen. Erzengel Jophiel – er fördert das Einssein mit der Natur.

Energie

Im rauen Island treffen Feuer und Eis aufeinander, und auch in seinem Volk vereint sich gesundes, kraftvolles Selbstbewusstsein mit Sensibilität und einem Sinn für das nicht Sicht- oder Fassbare.

Diese Energie schenkt bereits das Wasser. Das Eintauchen in das fast gallertartige Lagunenwasser wirkt sanft entgiftend auf allen Ebenen. Es verleiht ein wohliges, die Haut streichelndes Gefühl, so als ob man direkt im *Leib der Mutter Erde* sein dürfte, umgeben von vielen internationalen Geschwistern und doch so schön mit sich allein. Nirgendwo empfand ich die All-Einheit inniger als beim Bad in der Lagune. Die Berührung des blauen Wassers beglückt die Seele und vermittelt ein unendliches Gefühl der Dankbarkeit. Gelebte Dankbarkeit wiederum bewirkt Schönheit ...

Diese Energie der Dankbarkeit wird auch von der Wasserkarte übertragen und macht sie zu einem schönen Geschenk, wenn man DANKE sagen möchte oder wenn man seinem Körper selbst einen DANK aussprechen möchte für die vielen Jahre, die er so gut funktionierte.

Empfehlung

Morgendliches Trinken, möglichst lauwarm und über einen Zeitraum von mindestens vier Wochen. Als Badewasser wirkt es belebend.

Energiekarte mindestens 24 Stunden außen an einem Gefäß aus Glas befestigen, danach ist die Information an das Wasser übertragen, und dieses kann immer wieder aufgefüllt werden.

Dankeschön

Ich danke meinem Schöpfer demütig dafür, niemals mit mehr belastet zu werden, als ich aushalten kann.

Ich bedanke mich dafür, dass ich diese spirituellen Botschaften erfahren durfte.

Ich danke, dass ich weiterlernen darf, ohne leiden zu müssen, da ich zu stetiger Veränderung bereit bin.

Ich danke für alles, was ich bereits erhalten habe und für alles, was ich noch erhalten werde.

Erst die Dankbarkeit schenkt dem Leben die wahre Fülle. Sie schließt nicht nur ein, was bereits gegeben wurde, sondern auch die Gewissheit, den festen Glauben daran, dass wir immer alles bekommen werden, was wir brauchen (nicht zu verwechseln mit dem, was wir wollen ...). Leben wir in der Energie der Dankbarkeit, so beginnen wir, die Schönheit und Fülle geradezu anzuziehen.

Doch alles ist gegenpolig, steigt das Glück also scheinbar fortwährend an, so muss erst recht weiter ein gesunder Ausgleich geschaffen werden, eine Balance, damit im Umkehrschluss nicht ein großer Absturz erfolgt. **Diese Balance ist die anhaltende Dankbarkeit auch bei großen Erfolgen.** Dankbarkeit, Bescheidenheit und Demut schaffen damit die Basis für ein glückliches Leben, ohne Risiken, Nebenwirkungen oder die Gefahr des Absturzes.

Godafoss-Wasser
Wasserenergiekarte Nr. 4

Verzeihen / innerer Frieden

Herkunft

Godafosswasserfall (Götterwasserfall), Island

Der wild tosende Götterwasserfall auf Island besitzt eine besonders ursprüngliche Kraft. Vielleicht wirken dort weiterhin die heidnischen Gottheiten, die hier versenkt wurden, als das Christentum zur Staatsreligion erhoben wurde. Die tosende Kraft des Wasserfalls mit bis zu 12 Metern

Fallhöhe mündet in einen immer ruhiger werdenden Wasserlauf, der schließlich in vollkommener Harmonie mit der ihn umgebenden Natur zu sein scheint.

Farben
Violett – Farbe der Transformation
Blau – Ruhe, Frieden, Religiosität

Engel
Engel des Lehrens – sie helfen, den Sinn schwerer (Lebens-) Umstände besser zu verstehen und entweder in Frieden zu akzeptieren oder Lösungen in Liebe zu suchen.

Energie
Stark durchfluten diese Energien den gesamten Körper und spülen hinweg, was es noch zu lösen gilt. Besonders das nötige Verzeihen wird durch diese Energie gefördert. Hierbei kann es auch geschehen, dass Tränen fließen, die man zuvor versäumt hat zu vergießen. Doch genau dieser Lösungsprozess von negativen Eindrücken der Vergangenheit kann die erforderliche Grundlage schaffen für wahren inneren Frieden und die damit verbundene tiefe Ruhe.

Empfehlung

Die einen nennen die Karte "*Muss-weinen*-Energiekarte", denn sie macht zu Beginn manchmal traurig. Es sind aber, wie gesagt, die Tränen, die man in der Vergangenheit versäumt hat, fließen zu lassen.

Anderen fällt ein vermehrter Harndrang auf. Auch dies ist ein Reinigungs- und Lösungsprozess, der sich nach einiger Zeit normalisiert.

Manchmal ist es jedoch angenehmer, diese Energiekarte mit einer zweiten Karte (z. B. mit der Abendsonnen-Energiekarte) zu kombinieren.

Energiekarte mindestens 24 Stunden außen an einem Gefäß aus Glas befestigen, danach ist die Information an das Wasser übertragen, und dieses kann immer wieder aufgefüllt werden.

Gebetstext zum Verzeihen

Erst, wer in der Lage ist, wahrhaft zu vergeben, *immer wieder zu vergeben*, tausendmal, der durchbricht die URSACHEN-Kette, denn die innigliche Vergebung ist die Voraussetzung für jeden Heilungsprozess.

Ich vergebe den Menschen, die mir dies und jenes angetan haben, ich vergebe ihnen aus meinem ganzen Herzen, aus meinem ganzen Sein.

Ich verzeihe allen Menschen, die Gefühle und Gedanken negativer Art in mir hervorgerufen haben. Speziell verzeihe ich ...

Ich vergebe auch mir für das, was ich diesen Menschen an Negativem gesandt habe.

Ich bitte die Menschen um Vergebung, die ich auf irgendeine Weise verletzt habe.

Ich bitte alle Menschen um Verzeihung, denen ich mit Worten, Gedanken und negativen Gefühlen weh getan habe. AMEN.

Gullfoss-Wasser

Wasserenergiekarte Nr. 5

Weisheit / Prüfungen bestehen

Herkunft

Gullfosswasserfall, Island

Der Gullfosswasserfall wird auch der "Goldene Wasserfall" genannt und ist einer der imposantesten Wasserfälle Islands. Das Wasser des vom Langjökull gespeisten Flusses Hvità stürzt hier in drei Stufen 32 Meter in eine 2,5 Kilometer lange Schlucht hinab. Im Sommer wird der Gullfoss nicht nur mit Quellwasser versorgt, sondern es fließt zusätzlich jede Menge Gletscherwasser hinzu.

Farben
Gold – steht für den höchsten Punkt der spirituellen Entwicklung und führt zu innerem Reichtum und zu Weisheit.

Regenbogenfarben – Die Regenbogenenergie ist eine Energie, die aus der Sonne kommt und alles Leben auf dieser Erde kräftigt.

Engel
Ischim Sandalfon – er hilft, Verantwortung für das eigene Denken und Handeln zu übernehmen.

Energie
Vermag Nerven, Rückgrat, Eingeweide und die Haut zu kräftigen und kann sogar helfen, Süchte zu lindern.

Seine Energie läutert die Gedanken und befreit von Ängsten. Sie schenkt die Weisheit der Unterscheidung und unterstützt in Zeiten des Lernens, vor Prüfungen und bei Neuanfängen. Die Energie vermag die Weisheit der

Unterscheidung zu schenken: Was ist wichtig, wo muss ich handeln? Was ist Energievergeudung? Sollte diese Sache erst einmal ruhen?

Die Bäuerin Sigridur verhinderte in den 1920er Jahren den Verkauf des Gullfoss-Wasserfalls an eine englische Energieerzeugungsgesellschaft, indem sie drohte, sich in den Wasserfall zu stürzen (Gedenktafel).

Empfehlung

Das morgendliche Trinken des Gullfoss-Wassers über einen Zeitraum von etwa vier Wochen löst letzte Anspannungen endgültig auf, es schenkt Kraft und bringt hohe Energien in die gesamte Zellebene.

Daher eignet sich Wasser, das mit dieser Energiekarte informiert wurde, auch besonders gut in Zeiten des intensiven Lernens, vor Prüfungen, vor Vorstellungsgesprächen und bei Neuanfängen.

Energiekarte mindestens 24 Stunden außen an einem Gefäß aus Glas befestigen, danach ist die Information an das Wasser übertragen, und dieses kann immer wieder aufgefüllt werden.

Weisheit – Prüfungen bestehen

Das Leben ist eine Schule, in der wir lernen dürfen, Erfahrungen zu machen. Hauptziel: Liebe und Dienst an der ALL-EINheit.

Es ist ähnlich wie in der Hollywood-Komödie *Und ewig grüßt das Murmeltier...* Auch hier liegt beim Hauptdarsteller selbst die Entscheidung, ob er durch sein Verhalten in dem Albtraum einer Zeitschleife gefangen bleibt, oder ob er durch die positive Veränderung seiner Einstellung, hin zum Guten, daraus erlöst wird und einen neuen Tag in Liebe erleben darf. Deswegen nenne ich diese Prüfungstage auch "Murmeltiertage" (siehe hierzu auch mein Buch "Reiki Lifestyle", in dem diesen Tagen ein Text gewidmet ist).

Es fällt sicherlich jedem schwer, zurück ins Gleichgewicht zu finden, wenn man gerade tief im Schlamassel steckt. Doch sende ich an einem "Murmeltiertag" weiter negative Gedanken wie Sorge, Hass, Wut etc. aus, so kehren diese nur wieder zu mir zurück, allerdings in veränderter Form – und der nächste Ärger ist somit vorprogrammiert.

Das Wasser "der Weisheit" kann dabei helfen, sich stärker bewusst zu werden, dass Prüfungen nötig sind, um zu sehen, wo man steht und um eine Stufe höher steigen zu dürfen. In der Prüfung selbst unterstützt das Wasser meinen festen Wunsch: Ich schaffe es, auch schwierige Tage ohne Hass, Sorge oder Wut zu überstehen. Ich handle, wo ich handeln kann, und ich übergebe all das in Gottes Hand, bei dem ich keine Möglichkeit der Veränderung sehe. Ich gehe durch diese Zeit der Prüfung mit dem größtmöglichen inneren Frieden, und alles wendet sich zum Guten – ich komme eine Klasse höher!

Gletscher-Wasser
Wasserenergiekarte Nr. 6

Urvertrauen

Herkunft

In einer Bucht auf Spitzbergen schwamm mir ein Eisblock fast vor die Füße, und es gelang mir mit der Hilfe von ein paar Kindern, die sich ebenfalls für den Eisblock interessierten, nahe genug an ihn heranzukommen, um einen Teil von ihm zu erhalten und seine Energien zu speichern.

Die Landschaft von Spitzbergen kommt der roten Marslandschaft am nächsten. Daher nutzen auch Experten der amerikanischen Weltraumforschung das Gelände für ihre Experimente. Außerdem werden derzeit in den stillgelegten Gängen der Kohlebergwerke eine Datenbank angelegt und Samen von allen Pflanzen in Behältern aufbewahrt.

Nach meinen Informationen aus der "geistigen Welt" enthält das Gletscherwasser selbst eine Speicherung der Urinformationen und ist von großer Bedeutung für unsere Lebensqualität.

Farbe
Rot – Farbe der Aggressivität, Aktivität und Lebenskraft
Blau – fördert Offenheit und Weitblick

Engel
Erzengel Uriel, "das Feuer Gottes", inspiriert Menschen an Wendepunkten und zeigt ihnen Wege aus der Dunkelheit.

Energie
Die rote Marsenergie vermag die Urkräfte und das Urvertrauen zu stärken: "Alles wird gut!"

Die blaue Farbe fördert die dazu benötigte Offenheit, Rot, wie die rote Marsenergie, schenkt die Kraft zum Durchbruch.

Gletscherwasserenergie zu trinken kann Bewegung in Angelegenheiten bringen, die bisher stagnierten. Veränderungen, beruflich oder privat, sind mit dieser Energie dann meist leichter zu durchstehen, da die rote aggressive Marsenergie von dem sanften Blau abgemildert wird.

Empfehlung

Das morgendliche Trinken des Gletscherwassers über einen Zeitraum von etwa vier Wochen bringt einen angenehmen Fluss in persönliche Angelegenheiten.

Desweiteren können z. B. auch Eiswürfel aus dem Wasser hergestellt werden, nicht nur die Russen trinken ihren Whisky oder Wodka am liebsten mit Eis aus Gletscherwasser, weil er dann wesentlich besser schmeckt ... Und egal wie kalt oder heiß: Die wertvollen Informationen bleiben bei jeder Temperatur erhalten.

Energiekarte mindestens 24 Stunden außen an einem Gefäß aus Glas befestigen, danach ist die Information an das Wasser übertragen, und dieses kann immer wieder aufgefüllt werden.

Urvertrauen

Gott ist Vollkommenheit, und wenn Gott Vollkommenheit ist, kann er nur Vollkommenes erschaffen, nichts auslassen und nichts vergessen.

Gott wollte, dass seine Kinder Erfahrungen machen dürfen, um sich entwickeln zu können und damit sie zu bewussten Mitschöpfern werden in "Seinem Reich". Jedoch geschieht dies alles ohne Zwang, das bedeutet, die Ur-Geborgenheit des göttlichen Schoßes zu verlassen und in eine ungewisse Zukunft zu gehen, das war und ist allein unsere Entscheidung. Im gesamten Schöpfungsprozess geht es um das Verständnis der eigenen wahren Macht. Wenn die eigene Wirklichkeit und die eigene Wertigkeit als einzigartiges geistiges Wesen im eigenen Herzen gefühlt und anerkannt wird, dann vollzieht sich der Quantensprung heraus aus der scheinbaren eigenen Ohnmacht hin zur göttlichen Einheit, in die wir zurückkehren dürfen.

Jesus sagte vor etwa 2000 Jahren: "In meines Vaters Haus sind viele Wohnungen; wenn es nicht so wäre, würde ich es euch gesagt haben. Denn ich gehe hin und bereite euch eine Stätte. Dann komme ich wieder und will euch zu mir nehmen, damit ihr da, wo ich bin, auch seid." (Joh. 14) Und seinen Worten dürfen wir vertrauen ... Wir werden da sein, wo Jesus ist und alle, die wir lieben.

Heiliges Wasser
Wasserenergiekarte Nr. 7

Selbstwert / Liebe

Herkunft

Dieses heilige Wasser erhielt ich als Geschenk von einer lieben Freundin, die es in Lourdes für mich abfüllte.

Ab dem 11. Februar 1858 soll der 14-jährigen Bernadette Soubirous an der Grotte von Massabielle beim Fluss Gave du Pau wiederholt die heilige Maria erschienen sein. Während einer dieser Visionen wurde durch

Bernadette eine Quelle in der Grotte von Massabielle freigelegt, deren Wasser seitdem als heilkräftig angesehen wird. Wissenschaftler können bis heute dem Wasser allerdings keine "Besonderheit" nachweisen, es sei eigentlich ganz normales Trinkwasser.

Farbe

Klares Smaragdgrün – es stärkt das Herzchakra und ist die Farbe der Heilung; die zweite Farbe ist Rosa, das ebenfalls auf das Herzchakra einwirkt.

Engel

Die Königin der Engel, Mutter Maria. Maria, die Mutter Jesu, ist nach Mirjam, der älteren Schwester des Moses, benannt und hat ihren Namen selbst wohl *Miriam* oder *Mariam* ausgesprochen. Die Bedeutung des Namens ist allerdings nicht vollkommen geklärt, aber die wahrscheinlichste Herkunft liegt im Ägyptischen, vermutlich von *mry* für *geliebt*.

Energie

Die Energie dieser Wasserkarte Nr. 7 kann beleben oder auch beruhigen, je nach Bedarf. Sie vermag zu helfen, wieder in die Schwingung der Liebe zu kommen und sich der wahren Werte bewusst zu werden.

Empfehlung

Liebe ist die einzige Kraft, von der man nie zu viel haben kann. Verschenkt man sie, vervielfacht sie sich!

Energiekarte mindestens 24 Stunden außen an einem Gefäß aus Glas befestigen, danach ist die Information an das Wasser übertragen, und dieses kann immer wieder aufgefüllt werden.

Die Legende von Lourdes

Vor 150 Jahren wollte die 14-jährige Müllerstochter Bernadette Soubirous, wie schon so oft, Brennholz sammeln, denn das Mädchen war ein bettelarmes Kind, das mit Eltern und Geschwistern in einem einzigen feuchten Raum lebte.

An diesem Tag aber, am 11. Februar 1858, erschien dem blassen, kränklichen Mädchen eine "schöne weiße Frau" in der Grotte von Massabielle am Rande von Lourdes. Sie stellte sich ihr später als "Unbefleckte Empfängnis" vor. Von da an soll ihr in der Grotte insgesamt 18-mal die Jungfrau Maria erschienen sein. Laut der Legende ließ sie das Mädchen mit seinen bloßen Händen eine Wunder wirkende Quelle freilegen und ermunterte es, daraus zu trinken und sich darin zu waschen. Danach wandelte sich nicht nur das

Leben der kleinen Bernadette Soubirous, sondern auch ihr ganzes Umfeld und ihr verschlafenes Heimatbergdorf, erfahren eine Verwandlung.

Inzwischen ist Lourdes mit seinen sechs Millionen Pilgern pro Jahr der am meisten besuchte römisch-katholische Wallfahrtsort, und 67 Fälle von Heilungen wurden durch die katholische Kirche als Wunder anerkannt.

Regenbogen-Wasser

Wasserenergiekarte Nr. 8

Kraft / Wertgefühl

Herkunft

Dieses Regenbogenwasser fand ich in Norwegen, als ich bei einem Busstopp in die entgegengesetzte Richtung lief wie die Touristengruppe.

Sie fotografierten die Aussicht, ich das Wasser ...

Farbe

Der Regenbogen mit seinen sieben Farben ist das Spiegelbild des Menschen mit dessen sieben Chakren (Energiezentren):

Rot – verbindet mit Muttererde, erdet

Orange – verbindet mit der Schöpfung, lässt gebären und kreieren

Gelb – verbindet mit dem Licht und stärkt

Grün – verbindet mit dem Puls der Schöpfung

Hellblau/Türkis – ist die Schwingung der Thymusdrüse und dient der Stärkung des Immunsystems

Indigo – beruhigt, entspannt und fördert die Kommunikation

Violett – verbindet mit der spirituellen Ebene des Seins

Engel

Aralim Zafkiel – er lenkt unseren Verstand auf die höchsten Kräfte des Universums.

Energie

Du erschaffst mit ihrer Hilfe, was du denkst und was du fühlst. Die Kraftquelle der sieben Regenbogenfarben sendet vollkommene Schwingungen. Wenn die weibliche und die männliche Kraft sich vereinen, entstehen Strahlung und Leuchtkraft.

Empfehlung

Dies ist die Lieblingsenergiekarte von Kindern und Haustieren.

Energiekarte mindestens 24 Stunden außen an einem Gefäß aus Glas befestigen, danach ist die Information an das Wasser übertragen, und dieses kann immer wieder aufgefüllt werden.

Am Ende des Regenbogens liegt ein Schatz ... DU

Ein berühmter Sprecher startete sein Seminar, indem er einen Scheck von 100 Euro hochhielt. In dem Raum saßen insgesamt zweihundert Leute. Er fragte: "Wer möchte diesen Scheck haben?" Alle Hände gingen hoch.

Er daraufhin: "Ich werde diesen 100 Euro-Scheck einem von euch geben, aber zuerst lasst mich eines tun." Er zerknitterte den Scheck. Dann fragte er: "Möchte ihn immer noch jemand haben?" Die Hände waren wieder alle oben.

Also erwiderte er: "Was ist, wenn ich das tue?" Er warf ihn auf den Boden und rieb den Scheck mit seinen Schuhen in den dreckigen Untergrund und trampelte auf ihm herum. Dann hob er ihn wieder auf. Der Scheck war nun vollkommen zerknittert und völlig dreckig. "Nun? Wer möchte ihn jetzt noch haben?" Alle Arme gingen nach oben.

Dann sagte er: "Liebe Freunde, wir haben soeben eine sehr wertvolle Lektion gelernt. Was auch immer mit dem Scheck geschah, ihr wolltet ihn haben, weil er nie seinen Wert verloren hat. Er war stets 100 Euro wert. Es passiert oft im Leben, dass wir gestoßen, zu Boden geworfen, zerknittert und in den Dreck geworfen werden. Dann fühlen wir uns, als ob wir wertlos wären.

Aber egal, was passiert oder was passieren wird: DU wirst niemals an Wert verlieren! Schmutzig oder sauber, zerknittert oder fein gebügelt, DU bist ein Schatz! Unbezahlbar für all jene, die dich über alles lieben.

Der Wert deines Lebens wird nicht dadurch bestimmt, was wir tun oder wen wir kennen, sondern dadurch, wer du bist:

Du bist Gottes Schatz – vergiss das NIEMALS!

Unbekannter Autor

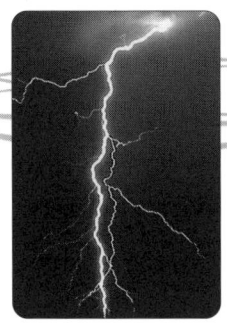

Blitz-Wasser
Wasserenergiekarte Nr. 9

Christusenergie / Beschleunigung

Herkunft

Vor mindestens zehn Jahren erhielt ich einen Bergkristall von einer Dame, die derzeit die Vorsitzende eines Steinheilkundevereins war. Sie übergab ihn mir mit den Worten: "Durch diesen Kristall ist ein Blitz gefahren, und er ist etwas ganz Besonderes. Der Kristall hat mir gesagt, dass er in Ihren Besitz übergehen soll." Und liebevoll überreichte sie mir eine

Bergkristall-Spitze. Erst viel später kam ihre wahre Bedeutung für mich ans Licht, und mit Hilfe dieser Spitze war es mir möglich, die Energie des Blitzes in die Karte zu übertragen.

Farbe
Weiß – bedeutet die Einheit aller Farben. Weiß steht für das höchste erreichbare Bewusstsein und ist die Farbe des Christusbewusstseins sowie die der spirituellen Vollkommenheit. Die Farbe, die alle Farben in sich birgt.

Engel
Christusenergie – Reinheit, Vollkommenheit und Licht

Christuszahl
999

Christuszeichen
neunzackiger Blitz

Energie

Jesus ist ein Lehrer und hilft uns zu erkennen, wo wir unser Verhalten ändern müssen. Er möchte nicht nur um Heilung angefleht werden, sondern er übermittelt uns Botschaften, die durch ihre Anwendbarkeit zum Heil führen können. Er lehrt das göttliche Bewusstsein, die allumfassende Einheit und dass jeder seinen Beitrag dazu leisten muss; jeder vermag das zu leisten, was er kann — und noch viel mehr ...

Kein Mensch "verliert" sein göttliches Bewusstsein, aber oft ist es verdeckt. Man weiß nichts mehr von seiner wahren Identität, hat den Weg verloren und wird krank.

> Krankheiten überfallen den Menschen nicht
> wie ein Blitz aus heiterem Himmel, sondern sie sind
> die Folgen fortgesetzter Fehler wider die Natur.
>
> Hippokrates von Kos
> (460 bis etwa 377 v. Chr., griechischer Arzt und "Vater der Heilkunde")

Die meisten körperlichen Verbesserungen benötigen ungefähr die Zeit, die sie brauchtes, um in diesen negativen Zustand zu kommen.

Die Energie dieser Wasserkarte wurde von mir am Ostersamstag 2008 unter dem "lebendigen Jesus" in meinem Ladengeschäft geprägt, und sie verstärkt das Christusbewusstsein, beschleunigt die Selbsterkenntnis sowie fördert die Selbstannahme und die Liebe zu sich und zu ALLEM.

Ihre Lichtenergie bricht durch und bahnt sich ihren Weg bis in die kleinste Zelle. Alle Werte ändern sich dann vielleicht sogar hin zur Vollkommenheit.

Mit Hilfe dieser Karte fällt es leichter, die inneren Drachen zu besiegen: Gier, Zweifel, Sorgen, Ängste, und die Energie dieser Karte beschleunigt zudem vieles, so dass man endlich Dinge erledigen kann, die man bisher vor sich hergeschoben hat. Man kann direkt den Kern der Sache anpacken und kommt früher und mit weniger Energieaufwand zum Ziel. Mit dieser Energie geschieht vieles einfach blitzartig.

Empfehlung

Die "Beschleunigungsenergie-Karte" ist zu empfehlen, wenn eine Angelegenheit schneller vorangehen muss: schneller lernen, schneller trennen, schneller aufbauen, schneller arbeiten, schneller auflösen etc. Einfach mehrmals am Tag ein Glas "Blitzwasser" trinken, dann geht alles BLITZSCHNELL.

Es gilt bei dieser Energie jedoch zu beachten, dass die Erstverschlimmerungen auch wesentlich heftiger ausfallen können. Hier kann aber die Abendsonne-Energie zur Milderung mitverwendet werden.

Energiekarte mindestens 24 Stunden außen an einem Gefäß aus Glas befestigen, danach ist die Information an das Wasser übertragen, und dieses kann immer wieder aufgefüllt werden.

Und wäre Christus nicht in dir ...

Und wäre Christus tausend Mal in Bethlehem geboren
und nicht in dir, so wärst du ewiglich verloren.

Christlicher Mystiker

Abendsonnen-Wasser

Wasserenergiekarte Nr. 10

stärkt die Intuition und mildert Stress

Herkunft
Einweihungsweg.

Da ich in diese Energie eingeweiht bin, war es mir möglich, sie auch auf eine Energiekarte zu übertragen und dort zu speichern.

Farbe

Orange – für Kreativität, Heiterkeit und Unabhängigkeit.

Rot – entspricht der Lebenskraft und berührt die Tiefe unserer Seele.

Engel

Erzengel Uriel und die Engel des roten Strahls

Energie

Die Sonne ist das Bild der Vollkommenheit – sie sendet Licht und Wärme ins Universum hinaus, ohne sich darum zu kümmern, ob diejenigen, die sie empfangen, es auch wert oder dankbar dafür sind.

Das Sonnenlicht steuert aber auch jede Zelle und dadurch alle Lebewesen, denn unsere Körper sind Lichtspeicher. Das rote Abendlicht entspannt und bringt die Verteilung der Körperenergie ins Gleichgewicht. Besonders stressreiche Situationen sind so leichter zu bewältigen, denn die Abendsonne stärkt das Sonnengeflecht-Chakra.

Empfehlung

Das Anti-Stresswasser empfiehlt sich bei großen Anspannungen, zum Mildern von Heilreaktionen, bei Ängsten und bei langem Aufenthalt in Räumen ohne natürliche Lichtquellen. Auch Tiere, Blumen und Gemüse freuen sich über dieses Wasser.

Energiekarte mindestens 24 Stunden außen an ein Gefäß aus Glas befestigen, danach ist die Information an das Wasser übertragen, und dieses kann immer wieder aufgefüllt werden.

Sonnen-Atmung

Setzen Sie sich gerade, aber bequem auf einen Stuhl, und achten Sie darauf, dass Ihre Füße einen guten Bodenkontakt haben.

Atmen Sie konzentriert gleichmäßig ein und aus, ohne längere Pause dazwischen.

Mit jedem Einatmen nehmen Sie Sonnenenergie auf, und mit jedem Ausatmen geben Sie Sonnenenergie ab, beim jeweiligen Umkehrpunkt der Atmung behalten Sie einen Teil für sich selbst.

- Verbinden Sie sich gedanklich mit Ihrem Lichtkanal, der mitten durch Ihre Wirbelsäule verläuft, und verlängern Sie ihn durch alle Schichten der Erde, bis hin zur großen Sonne im Mittelpunkt der Erde.

- Verbinden Sie sich jetzt gedanklich erneut mit Ihrem Lichtkanal in Ihrer Wirbelsäule, und verlängern Sie ihn nach oben bis hin zur großen Zentralsonne.

- Bitten Sie nun die große Erdsonne um ihre Energie, und atmen Sie diese in Ihren Lichtkanal hinein, bis zum Atemumkehrpunkt, dem Punkt, an dem Sie ausatmen müssen. Dort behalten Sie einen Teil der Erdsonnenenergie für sich und geben den Rest nach oben an die Zentralsonne ab.

- Bitten Sie dann um die Energie der Zentralsonne, atmen Sie diese ein bis zum Atemumkehrpunkt, dem Punkt, an dem Sie ausatmen müssen. Dort behalten Sie einen Teil der Zentralsonnenenergie für sich und geben den Rest nach unten über Ihren Lichtkanal an die Erdsonne ab.

- Wiederholen Sie diese Atmung etwa 10 Minuten lang.

- Seien Sie selbst eine strahlende Sonne.

Genießen Sie dieses Einssein ...

Spüren Sie, wie durch diese Energien jede Zelle in Ihrem Körper gestärkt und Ihre gesamte Aura aufgeladen wird ...

Bedanken Sie sich, dass Sie ein Teil dieses Gesamten sein dürfen, sogar der Mittelpunkt ...!

Spüren Sie, wie All-Liebe in Sie einströmt, und lassen Sie sie auch aus sich herausströmen ...

Genießen Sie dies eine Weile ...

Danken Sie nun für die erhaltenen Sonnen-Energien, ziehen Sie die Verlängerungen Ihres Lichtkanals zurück in Ihren Körper und verschließen Sie ihn gedanklich, z. B. mit einem gleichschenkligen Kreuz nach unten und oben.

• Kehren Sie jetzt mit Ihrer Wahrnehmung wieder in die Gegenwart zurück.

Es empfiehlt sich, diese Übung zwölf Tage hintereinander durchzuführen.

Vollmond-Wasser

Wasserenergiekarte Nr. 11

verfeinert die Sinne, verstärkt mediale Fähigkeiten und
fördert die Wunscherfüllung

Herkunft

Einweihungsweg

Nach dreizehn Tagen (12 + 1) ist der Mond fast um die halbe Erde ge-
wandert und steht der Sonne gegenüber. Wir haben dann Vollmond.

Farbe

Silber – es ist die Farbe der übersinnlichen Fähigkeit, stärkt die intuitive Seite des Verstandes und steht für das weibliche Prinzip.

Engel

Erzengel Gabriel(a) – der Engel der Erneuerung. Jeder neue Tag ist ein neuer Anfang, an dem man beginnen kann, sich zu erneuern und Altlasten abzulegen.

Energie

Die Energie der letzten drei Tage vor und nach Vollmond kann ebenfalls zur Vollmondenergie gezählt werden. Die Energie des Vollmondwassers wird nun in den Zellen aufgefangen und festgehalten. Sobald der Mond wieder abnimmt, wird sie vom Körper losgelassen und entfaltet dadurch ihre Wirkung.

Die Vollmondenergie kann die außersinnliche Wahrnehmungsfähigkeit erhöhen, negative Energien transformieren und Wünsche erfüllen. Sie manifestiert Leidenschaft, körperliche Selbstheilung, Stärke und Kraft. Sie verfeinert die Sinne, das Verständnis für Ursache und Wirkung und hilft daher dabei, Ziele sinnvoller zu manifestieren. Ihre Kräfte verstärken die benötigte Konzentration auf das, was derzeit benötigt wird, z. B.

Gesundheit, Liebe, Wohlstand, Harmonie, Freude ... Die persönlichen medialen Fähigkeiten werden verstärkt.

Empfehlung

Ideal ist es, sich dabei auf den wirklichen Rhythmus der Natur einzulassen und drei Tage vor Vollmond mit dem Trinken zu beginnen sowie es drei Tage nach Vollmond zu beenden, also insgesamt sieben Tage.

Eine schöne Kombination ist dieses Wasser in Verbindung mit der Sternenkarte Nr. 12, denn die Freude, die Sie heute in sich aufbauen, beschert Ihnen morgen eine glückliche Zeit ...

Energiekarte mindestens 24 Stunden außen an einem Gefäß aus Glas befestigen, danach ist die Information an das Wasser übertragen, und dieses kann immer wieder aufgefüllt werden.

Mond-Wunschritual

Wenn Sie sich mit der Mondenergie einen Wunsch erfüllen möchten, dann stellen Sie sich Folgendes vor:

- Mit jedem Schluck Mondwasser nehmen Sie die Energie des Mondes in sich auf. Konzentrieren Sie sich nun auf Ihren Wunsch, und fühlen Sie sich, als sei er bereits erfüllt.

- Sehen Sie dann beim Ausatmen zu, wie die Energie des Wunsches durch Ihren Körper und durch die Haut nach draußen fließt und Ihre feinstofflichen Körper füllt! Während Sie diesen Vorgang in Ihrer Meditation mehrfach wiederholen, können Sie zusätzlich visualisieren, wie sich der erfüllte Wunsch für Sie anfühlt.

- Sie können sich auch vorstellen, wie ein Abbild Ihrer selbst sich an den Ort Ihres Wunsches begibt, zum Beispiel in ein Auto, eine neue Wohnung, in ein Wellness-Hotel oder zu einem besonderen Reiseziel.

- Sie können sich auch vorstellen, wie Ihr Abbild Informationen erhält, die Sie dringend benötigen, vielleicht um beruflich weiterzukommen. Stellen Sie sich vor, dass Ihr Abbild diese Informationen hereinholt, indem es durch Nachschlagen in Büchern oder Treffen mit Geistführern während eines meditativen Prozesses Wissen aufnimmt ...

- Sie dürfen auch vor dem Einschlafen danken, so als sei Ihr Wunsch bereits in Erfüllung gegangen.

Der Mond hat einen sehr großen Einfluss auf die Erde hat und ist eine Art Regler für viele Vorgänge. Das Verhalten des Wassers unter den verschiedenen Mondeinflüssen ist dabei unterschiedlich: Bei zunehmendem Mond wird das Wasser mit seinen energetischen Informationen besser vom Körper gespeichert. Bei abnehmendem Mond können dagegen ausleitende Prozesse, wie körperliche Entgiftungen und Lösungsprozesse, unterstützt werden. Bei Vollmond schließlich kann manifestiert werden – Wünsche können in Erfüllung gehen ...

Sternen-Wasser
Wasserenergiekarte Nr. 12

aphrodisierend / "Happy"-Wasser

Herkunft

Gestirnstrahlenenergie, positiv geladene elektromagnetische Wellen des *Großen Wagens*, des *Polarsterns* und des *Sterns von Bethlehem;* erhalten durch einen Einweihungsweg.

Farben

Silber — reinigt

Weiß – erfüllt mit der Einheit

Blau – steht für Ewigkeit und Wahrheit

Engel

Elohim Clair & Astrea – sie sind Engel der vollkommenen Harmonie, die Licht in die Dunkelheit bringen.

Thema

Wie in dem Märchen Sterntaler, so sind auch wir aufgefordert, immer wieder zu geben. Vor allem auch zu geben, ohne gleich damit zu rechnen, dass man etwas zurückerhält. Mit dem Geben ist nicht nur ein Teil des verdienten Geldes gemeint, sondern auch: ein liebes Wort an jemanden richten, eine Hilfestellung geben, jemandem den Vortritt lassen oder jemandem ein paar Minuten unserer kostbaren Zeit widmen.

Doch dies ist nicht zu verwechseln mit den aufdringlichen Gaben. Manche Menschen schenken mit Kalkül und großer Berechnung Dinge, die man gar nicht will, und für diese fordern sie später hohe Summen der Bezahlung ein und wundern sich, wenn der andere dies verweigert. Doch nur das Geben in Liebe und ohne Erwartung zieht die Fülle an und schenkt tiefe Freude. Auch die Sterne glitzern und funkeln für jeden, ohne zu richten und zu urteilen und ohne eine Gegenleistung zu erwarten.

Energie
Sie ist befreiend, erleichtert von unnötigem Ballast und gleichzeitig verbindet sie mit der Alleinheit. Sie schenkt die Geborgenheit des Universums und kann in eine Art Glückszustand versetzen.

Empfehlung
Das "Happy"-Wasser ist erfrischend kühl, soll schlechte Laune vertreiben, und man kann sogar von einer aphrodisierenden Wirkung sprechen.

Energiekarte mindestens 24 Stunden außen an einem Gefäß aus Glas befestigen, danach ist die Information an das Wasser übertragen, und dieses kann immer wieder aufgefüllt werden. Tausend Sterne sind dann mit dir!

"Happy-Meditation" – Sternenzauber

- Setzen Sie sich auf einen bequemen Stuhl, und verbinden Sie sich mit der Erde, indem Sie sich vorstellen, wie lange Wurzeln aus goldenem Licht aus Ihren Fußsohlen in die Erde wachsen.

- Bitte: Nur höchste und reinste Energien dürfen zu Ihnen vordringen, stellen Sie sich einen großen Kreis aus Licht um sich herum vor ...!

- Visualisieren Sie drei leuchtend weiße Sterne in einer Linie hinter sich, dann drei weitere an Ihrer linken Seite; platzieren Sie drei Sterne in einer Linie vor sich und die nächsten drei zu Ihrer rechten Seite ...

- Füllen Sie nun im Uhrzeigersinn jeden Zwischenraum mit drei weiteren leuchtend weißen Sternen aus, und Sie haben ein Sternenfeld aus 24 leuchtenden Sternen, in dem Sie selbst der Mittelpunkt sind!

- Genießen und spüren Sie jetzt das Licht, das von jedem einzelnen Stern ausgeht und Sie durchflutet ...

- Spüren Sie es, bis ins Innerste der Zellkerne, die auf dieses Licht mit Freude reagieren ...!

- Das kosmische Licht der 24 Sterne vermag alle niederen Gedankenformen der Angst und Begrenzung, des Unwertes und des Mangels durch die neue Frequenz des Lichtes zu ersetzen, dem Licht der unendlichen Liebe und Freude ...

- Liebe ist das einzig Wahre, und Sie nehmen sie jetzt auf und tragen sie in sich.

- Verbinden Sie sich nun mit einem weiteren Meer aus weißen Sternen, einem Lichtmeer aus Liebe ... Fühlen Sie den Reichtum des Universums, den Sternenzauber, denn alles strahlt Sie in liebevoller Verbundenheit an ... Und Sie öffnen sich ... weiter und weiter ... Sie werden beschenkt mit Licht und Liebe, mehr und mehr ...

- Die gewaltige kosmische Intelligenz erfüllt mit Freude!

- Lassen Sie nun auch Ihr Licht in Liebe und Freude erstrahlen, und schenken Sie der All-Einheit Ihren Glanz ...

Genießen Sie dies eine Weile ...

Danken Sie inniglich!

- Kehren Sie dann zurück, und seien Sie wieder vollkommen präsent im Hier und Jetzt.

Wenn der Alltag seinen Stress auf Ihren Schultern ablädt, dann gönnen Sie sich eine kurze Auszeit, um sich von der Sternenzauber-Meditation (etwa 15 Minuten) befreien und kräftigen zu lassen.

Wenn Sie die Meditation einmal innig praktiziert haben, können Sie sich jederzeit in Sekundenschnelle wieder mit dem Sternenzauber verbinden, wenn Sie rasch FREUDE brauchen.

Nachwort
Zusammenfluss ...

Jedes Wasser birgt eine einzigartige Energie in sich, und verschiedene Quellen haben demzufolge auch unterschiedliche Energiespeicherungen. Je natürlicher sie sind, desto intensiver kann der Mensch sie nutzen, beispielsweise zur persönlichen Weiterentwicklung. Und manches Wasser ist vielleicht sogar zur Heilung geeignet.

Man muss dazu nicht selbst um die halbe Welt reisen — auch wenn es ein absoluter Genuss ist, in einzigartigen Wasserlagunen baden zu dürfen. Ich erhielt ja auch das Wasser aus der Quelle von Lourdes, ohne selbst in Frankreich gewesen zu sein.

Viel wichtiger ist die Bereitschaft, die neuen Muster in sich aufzunehmen und die persönliche Strukturveränderung zuzulassen. Wir müssen nur anerkennen, dass wir selbst zum größten Teil aus Wasser bestehen und dass diese Struktur durch eine Durchflutung mit Licht verfeinert werden kann.

Sich mit lebendigem Wasser zu verbinden öffnet die Tür in ein neues Zeitalter: in das Zeitalter des Wassermanns. Es reinigt den alten Sumpf dunkler Unwissenheit und wird zum glasklaren Brunnen geistiger Erneuerung und Erkenntnis, in dem das Wasser des Lebens (lebendiges Wasser ...) als Symbol für die Wahrheit steht. Deshalb gilt es, mit größter Sorgfalt die Natur jedes Wassers zu schützen.

Von überall strömt Wasser zusammen, und es entsteht in dieser Gemeinsamkeit eine gewaltige Kraft. Dabei passt sich jedes Wasser an, ohne seine eigene Natur zu verlieren ... Wenn Menschen sich zusammenschließen, um gemeinsam, stark und diszipliniert das Ziel anzugehen, die Erde und das Wasser mit allen auf ihr und in ihm lebenden Wesen zu achten und zu wertschätzen, dann kann jeder seinen Platz finden, der ihn ausfüllt und glücklich macht.

Gedenke der Quelle, aus der du trinkst.

Chinesisches Sprichwort

Die zwölf Wasserenergie-Karten

Wasser kann tatsächlich die unterschiedlichsten Schwingungen aufnehmen, speichern, weiterleiten und wieder übertragen.

Mit den zwölf zum Set gehörenden Wasserkarten gelingt es, ganz normales Leitungswasser in Trinkwasserqualität zu lebendigem Energiewasser umzuwandeln. Jede der unterschiedlich programmierten Karten ist in der Lage, ihre gespeicherten Informationen ins Wasser zu übertragen, wenn sie 24 Stunden in engem Kontakt damit war. Dazu wird die Energiekarte z. B. außen an einer Glasflasche befestigt (z. B. mit Tesafilm) oder einfach daran gestellt, mit der Fotoseite zum Betrachter.

Im Prinzip ist Wasser, gekühlt, und in einer gut verschlossenen Glas-Flasche gelagert, wochenlang haltbar. Vermeiden Sie es, eine geöffnete Flasche in der Hitze stehen zu lassen, denn als Naturprodukt ist Wasser in Flaschen auch anfällig für Fäulnis, wenn fremde Stoffe und Mikroorganismen hineingelangen. Diese nimmt das Wasser ebenso auf wie Geschmacks- und Geruchsstoffe, die sich im Kühlschrank befinden können. Lagern Sie Ihr

Energiewasser kühl, und verbrauchen Sie eine angebrochene Wasserflasche innerhalb weniger Tage. Es kann vor Verbrauch auch angewärmt oder die Temperatur kann einfach durch Zufügen von etwas heißem Wasser reguliert werden.

Dann kann das Trinken dieses Wassers auch wirklich eine positive Veränderung bewirken, wenn es der Mensch (das Tier oder die Pflanze) zulässt.

Wasserenergiekarte 1:
Kreuz-Quell-Wasser – Gran Canaria
Energiekarte mit Booklet, im Profilepack mit Schuber · EAN: 4260075280059 · € [D] 9,90

Wasserenergiekarte 2:
Stein-Wasser – Norwegen
Energiekarte mit Booklet, im Profilepack mit Schuber · EAN: 4260075280066 · € [D] 9,90

Wasserenergiekarte 3:
Blaue Lagune-Wasser – Island
Energiekarte mit Booklet, im Profilepack mit Schuber · EAN: 4260075280073 · € [D] 9,90

Wasserenergiekarte 4:
Godafoss-Wasser – Island
Energiekarte mit Booklet, im Profilepack mit Schuber · EAN: 4260075280080 · € [D] 9,90

Wasserenergiekarte 5:
Gullfoss-Wasser – Island
Energiekarte mit Booklet, im Profilepack mit Schuber · EAN: 4260075280097 · € [D] 9,90

Wasserenergiekarte 6:
Gletscher-Wasser – Spitzbergen
Energiekarte mit Booklet, im Profilepack mit Schuber · EAN: 4260075280103 · € [D] 9,90

Wasserenergiekarte 7:
Heiliges Wasser – Lourdes, Frankreich
Energiekarte mit Booklet, im Profilepack mit Schuber · EAN: 4260075280110 · € [D] 9,90

Wasserenergiekarte 8:
Regenbogen-Wasser – Norwegen
Energiekarte mit Booklet, im Profilepack mit Schuber · EAN: 4260075280127 · € [D] 9,90

Wasserenergiekarte 9:
Blitz-Wasser
Energiekarte mit Booklet, im Profilepack mit Schuber · EAN: 4260075280134 · € [D] 9,90

Wasserenergiekarte 10:
Abendsonnen-Wasser
Energiekarte mit Booklet, im Profilepack mit Schuber · EAN: 4260075280141 · € [D] 9,90

Wasserenergiekarte 11:
Vollmondenergiewasser
Energiekarte mit Booklet, im Profilepack mit Schuber · EAN: 4260075280158 · € [D] 9,90

Wasserenergiekarte 12:
Sternenenergiewasser
Energiekarte mit Booklet, im Profilepack mit Schuber · EAN: 4260075280165 · € [D] 9,90

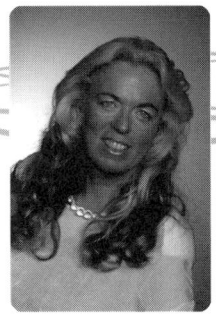

Über die Autorin

Gabriela Hilf ist seit über zwanzig Jahren verheiratet und lebt mit ihrem Mann und vier Kindern in Dannstadt, einem kleinen Ort zwischen Speyer und Ludwigshafen. Inzwischen sind die Kinder 11 bis 19 Jahre alt – und fast genauso lange begleitet die Autorin schon das Arbeiten mit "neuen Energien", beruflich wie privat. Ihre ausgeprägte realistische Denkweise stützt sich auf den Spruch: Was dienen will, muss taugen. Die Kräfte der verschiedenen Energien – Reiki, die Gnade Gottes, die Sonne, Gestirnstrahlen u. a. – haben auf vielfältige und wunderbare Weise gedient, wie sie immer wieder in großer Dankbarkeit feststellen durfte und darf. Es gibt nicht eine Lebenslage, in der "Energien" dem Menschen nicht nur helfen, sondern sogar ganz entscheidend zu mehr Erfolg führen können.

Die Kenntnisse der Autorin beruhen zum großen Teil auf eigenen praktischen Erfahrungen im familiären Bereich, aber auch auf dem jahrelangen Einsatz in ihrem Seminarzentrum, das ebenfalls seit zwanzig Jahren besteht. Es wurde im Laufe der Jahre um große Bereiche erweitert und hat sich inzwischen zu einem Ausbildungszentrum für Reiki- und Energie-Seminare, Kristall-Ausbildungen und Harmonie-Therapien® entwickelt.

Kontaktadresse

Bei Interesse steht Ihnen die Autorin gerne persönlich zur Verfügung:

Gabriela Hilf
Body & Spirit
Neckarstraße 2a + 2c
67125 Dannstadt
Tel: 06231/40 30 288
Email: seminare@hilf-heilen.de
www.hilf-heilen.de

Die einzelnen Quellen

Das Wasser ist am besten direkt an der Quelle ...

Nordkap, Norwegen
www.visitnorthcape.com

Tejeda, Gran Canaria
Touristeninformation:
C. Leocadio Cabrera
E-35360, Tejeda
Telefon: 928 666 189, Fax: 928 666 252
turismo.tejeda@telefonica.net
www.tejeda.es

Blaue Lagune, Island
Blue Lagoon ltd.
240 Grindavík, Island
Phone +354 420 8800, Fax +354 420 8801
www.bluelagoon.com/germany

Geiranger, Norwegen
Geiranger Turistkontor
N-6216 GEIRANGER
tourist@geiranger.no

Godafoss-Wasserfall, Island
Er liegt an der Ringstraße zwischen Mývatn und Akureyrí.

Gullfoss-Wasserfall, Island
Der Gullfoss ist ein berühmter Wasserfall des Flusses Hvítá im Haukadalur im Südenwesten Islands.

Spitzbergen
ist eine zu Norwegen gehörende Insel des Svalbard-Archipels zwischen dem Nordatlantik und dem Arktischen Ozean.
www.spitzbergen.de

Deutscher Lourdes-Verein
50667 Köln, Tel.: 0221/9922210
www.deutscher-lourdes-verein.de
Lourdes Homepage: www.lourdes-france.org

Literatur

Emoto, Masaru:
Die Botschaft des Wassers, Band 1, Koha Verlag 2002

Hossenfelder, Gustav-A.:
Re-Ligio der Heilung – Krankheit – Angst vor der Wirklichkeit, Band 1 und 2,
edel Verlag 1999

Pfister, Patrizia:
Das Regenbogenzeitalter – Die Menschheit erwacht, Smaragd Verlag 2005

Ruland, Jeanne:
Die lichte Kraft der Engel, Schirner Verlag 2000

Webster, Richard:
Die großen Erzengel: Gabriel, Aquamarin Verlag 2005

Windrider, Kiara:
Das Portal zur Ewigkeit – Anleitung zum planetaren Aufstieg, Lippert Verlag 2003

216 Seiten, broschiert
mit vielen Abbildungen
ISBN 978-3-89845-218-2
€ (D)12,90

Gabriela Hilf

Reiki Lifestyle

Mit Reiki und Heilsteinen zur vollkommenen Harmonie

Die Kinder durchlaufen die Hochphase der Pubertät, der Hund hat das zentrale Stromkabel durchbissen und der Göttergatte baut gerade mit beispiellosem Geschick die Garage zum Anglertreff um… Gabriela Hilf lässt uns in ihrem dritten Buch wieder an amüsanten Episoden aus ihrem Familienleben einer berufstätigen Mutter teilhaben, die mit den magischen Kräften der Edelsteine und der harmonisierenden Wirkung von Reiki so manche Krise bewältigt. Quasi nebenbei vermittelt sie äußerst hilfreiche Praktiken, um die sanfte Kraft von Heilsteinen und Reiki praxisnah anzuwenden… Ein ideales Buch für Einsteiger und bereits praktizierende Reikianer.

250 Seiten, broschiert
ISBN 978-3-89845-045-4
€ [D] 12,90

Gabriela Hilf

Reiki im Alltag

Neue Türen öffnen sich

Entdecken Sie die Kräfte der Heilsteine und Reiki für sich! Lassen Sie sich im Alltag helfen! Dieses Buch ist nicht nur für Mütter, aber die Autorin, selber Mutter von vier Kindern, zeigt Ihnen die richtige Anwendung von Reiki und Heilsteinen – während der Schwangerschaft, bei der Geburt, gegen Neurodermitis und auch vor allem bei den alltäglichen kleineren und größeren Problemen einer berufstätigen Mutter.

Mit seinen vielen praktischen Tipps und erprobten Ratschlägen ist es ein ideales Buch für den Reiki-Anfänger zum Einsteigen in den ersten Reiki-Grad, aber auch ein interessantes Werk für bereits praktizierende Reikianer und Heilstein-Liebhaber.

272 Seiten, broschiert
ISBN 978-3-89845-108-6
€ [D] 14,90

Gabriela Hilf

Reiki für alle Fälle

Gabriela Hilf kombiniert in ihrem zweiten Buch die Heilkraft zweier äußerst wirkungsvoller Energien: Reiki und Heilsteine. Doch anders als bei den meisten Büchern über dieses Thema wird Reiki hier „entmystifiziert" – und damit im Alltag anwendbar. Mit viel Humor und Spannung schildert die Autorin anhand verschiedener amüsanter Episoden, wie sie die Kräfte der Steine und Reiki für sich entdeckte und diese ihr im alltäglichen Leben halfen. Mit vielen praktischen Tipps.

32 farbige Karten im
Format 9 x 12 cm
ISBN 978-3-89845-239-7
€ [D] 14,90

Claudia de Vos

Aromatherapie

32 Karten für die Sinne

Eine originelle Idee: Statt zu einem der unzähligen Bücher zum Thema Aromatherapie zu greifen, versuchen Sie es doch einmal mit Karten. Claudia de Vos legt mit diesem neuen Aromakartenspiel nicht nur schöne, sondern auch informative Karten vor, die zudem auf unterschiedliche Weise eingesetzt werden können: zur Meditation, zur Inspiration oder als Spiel.

498 Seiten, broschiert
ISBN 978-3-89845-196-3
€ [D] 24,90

Claudia Rainville

Metamedizin

Jedes Symptom ist eine Botschaft

Warum bin ich krank? - Dieser Frage geht die Autorin in diesem umfangreich dokumentierten Buch nach und kommt zu dem einfachen, aber weit reichenden Schluss, dass die Symptome einer Krankheit als Botschaften des Körpers zu verstehen sind. Dank der vielen Fallbeispiele aus ihrer über zwanzigjährigen Forschungs- und Therapiearbeit liest sich dieses Buch wie eine spannende Dokumentation zum Thema Gesundheit.

126 Seiten, gebunden,
illustriert
ISBN 978-3-923781-95-9
€ [D] 10,90

Dr. A. Mahanamo

Geheimnis der Vitalität

Selbstheilung und Verjüngung

Das praxisnahe Vitalitätskonzept enthält die Essenz taoistischer Lehren, die die Selbstheilungskräfte fördern und somit Körper, Geist und Seele in Harmonie bringen können. Gezielte Atem- und Körperübungen, die nur Minuten in Anspruch nehmen, bewirken eine verjüngende Zellregeneration. Durch die frei fließende Lebensenergie können Vitalität, Gesundheit und Lebensfreude bis ins hohe Alter erhalten werden.

Weiterführende Informationen zu
Büchern, Autoren und den Aktivitäten
des Silberschnur Verlages erhalten Sie unter:
www.silberschnur.de oder durch
die Zusendung der beiliegenden *Postkarte*.

Ihr Interesse wird belohnt!